JN439509

오희창 수필집

세월이 남긴 이야기

세월이 남긴 이야기

오희창 수필집

1판 1쇄 인쇄/ 2012년 7월 5일
1판 1쇄 발행/ 2012년 7월 10일

지은이 / 오 희 창
펴낸이 / 우 희 정
펴낸곳 / 도서출판 소소리

등록 / 제300-2007-21호
주소 110-521 서울 종로구 명륜동 1가 33-90
경주이씨 중앙회빌딩 302-1호
전화 / 765-5663, 766-5663(Fax)
e-mail: sosori39@hanmail.net
www.sosori.net

값 10,000 원

*잘못된 책은 바꿔드립니다.

ISBN 978-89-97294-14-5 03810

세월이 남긴 이야기

오희창 수필집

책머리에

지난해 수필집 『가을세대의 향기』 상재에 이어 금년에는 『세월이 남긴 이야기』를 세상에 내어놓는다. 여기에 수록된 작품은 나와 더불어 흘러온 세월의 굽이굽이에 스며든 사연들을 그려낸 작품들을 모은 것이다.

세월은 사람들의 많은 사연을 지워버리기도 하지만 되돌려 놓기도 한다. 이를 글감으로 삼아 딴에는 주제별로 구성, 필력을 다해 서술하여 세상 사람들 앞에 드러낸 것이다.

고희 중반을 넘어선 이제 내려놓고, 비우고, 풀어버리고, 사랑하고, 베풀며 즐겁게 살려고 노력한다. 이런 마당에 굳이 꾸미고, 감추고, 과장하거나 변명할 이유가 없다. 조선시대 사관이 사초를 쓰는 심정으로 썼으니 적나라하다. 그러니 부끄럽다거나 자랑하려는 생각은 추호도 없다. 담담하게 독자들 앞에 선다고 생각한다.

어찌 보면 인생이나 자연의 모든 사물을 보고 듣고 느끼고 경험한 바를 형식이나 내용에 제한을 받지 않는 수필의 형식을 빌리지 않고는 이런 작품을 쓸 수가 없다. 수필은 특성상 허구를 배제한 글이기 때문에 먼 훗날 이 시대의 역사적 자료가 될 수도 있는 것이다.

수필가는 역사를 쓴다는 자세로 사실을 바탕에 깔고 느낌과 감정을 솔직담백하게 서술해야 한다고 본다. 아무튼 나는 작품을 이런 관점에서 보고 쓴다.

일제 식민시대 태어나 세월의 큰 파도와 소용돌이를 타고 넘어 온 세대의 체험을 소재로 한 작품이니 평화롭고 풍요로운 세월에 태어난 사람들에게는 진부하게 보일지 모르지만 그게 사실인 바에야 어찌하랴.

너무 사설이 길었나 보다. 독자의 너그러운 판단에 맡긴다.

삼호당(三乎堂) 창밖에는 녹음이 싱그럽다. 만인(萬人)을 위해 다가오는 세월은 신록처럼 푸릇푸릇하고 싱싱하여 사회 구석구석이 밝고 즐겁고 행복하고 희망차고 나아가 평화롭기를 기대한다.

끝으로 도서출판 소소리 우희정 사장님과 임직원들께 고마운 마음을 보낸다.

2012년 신록이 계절에

삼호당 오희창

▷ 차 례

1. 그날이 오기까지

2. 세상을 그리자

3. 낙엽을 보면서

4. 세월 줍기

1.

그날이 오기까지

맑은 마음 빛나는 얼굴

'면목이 없습니다'라는 말은 떳떳하지 못하다든가, 잘못하여 정중하게 사과하는 말이다. '정말 잘못했습니다' '진심으로 사죄합니다'라는 수준 이상에 해당되는 말이다. 잘못을 비는 것은 물론 참회한다는 뜻이 포함되어 있기 때문이다. 이 정도의 사과를 하면 선인(先人)들 사이에는 사람을 죽인 잘못 이외에는 용서와 화해의 물고가 트이기 시작한다.

생각해보면 사람의 표상은 눈이요, 이목구비가 달린 얼굴이다. 그중에 눈이 없으면 세상을 잃어버리는 것이다. 보고, 듣고, 말하고, 냄새 맡고, 느끼지 못하면 살아있으되 산 목숨이 아니다.

'면목이 없습니다'라는 말은 나는 '죽었습니다'라는 말이니 사과의 말 중에서 최상급에 해당한다. 우리의 선인들은 잘못을 인정하고 진심로 사과하고 참회할 줄 알았다. 그래서 가난하고 고달프지만 인정, 의리, 화합의 한마당에서 오순도순 살았다.

현대인들은 사과할 줄 모르거나 인색하기 그지없다. 어찌 보면 잘못을 모르니 사죄할 줄도 모른다는 것이 옳을 성싶다. 가정, 학교, 사회교육이 모두 남과 더불어 사는 것이 아니라 남보다 앞서가고 잘나가게 가르치니 인성이 바로 잡힐 리 없고 바탕이 고르고 튼실치 않다. 배운 지식이 모래알처럼 많다한들 하나의 작품을 빚어낼 수 없는 것이다. 모래에는 물과 흙이 알맞게 섞이고 장인(匠人)의 살아온 세월의 때가 묻고 지혜(智慧)로 마무리될 때 그에 걸맞은 작품이 나오는 것이다. 이와 같이 사람의 인격형성은 여러 과정의 이상적 조화(理想的調和)의 산물이라 할 수 있다.

우리의 선인(先人)들은 보통 3대가 어우러져 성장하였다. 그 과정에서 가족들은 아주 자연스럽게 자녀질손(子女姪孫)들의 교사집단(教師集團)이 되어 품성교육에 한몫을 했다. 아동 한 명에 연령구조가 다양한 집안사람들과 동네 어른, 아이는 물론 산과 들, 물과 새 등 자연환경까지 선생이 되어 가르쳤으니 지구상에 이보다 더 훌륭한 교육시스템은 없다고 해도 과언이 아니다.

급변하는 산업사회에서는 시간과 공간이 미세하게 닫히고 막히고 열리고 트이는 빠른 흐름에 길들이지 못하면 탈락하여 그늘인생이 된다. 이를 벗어나기 위한 교육, 특히 한국의 교육열과 공·사교육비 지출이 세계에서 두 번째 가라면 서운한 환경에서 자란 현대인들은 어떠한가. 지금 자신이 무엇을 하며, 무엇을 잘하고 잘못했는지를 헤아리지도 못한 채 방방 떠서 내달리기만 하고 있다.

특히 전율처럼 다가오는 것은 '오냐, 오냐' '네가 제일이다' 떠받들려 자란 유아독존(唯我獨尊)형 인간이거나 젊은 시절 특정 년대의 이념에 사로잡혔던 사람들은 '나는 언제나 옳다'는 오만에 빠졌기 때문에 '나의 주장은 관철되어야 한다, 지금은 많은 사람들이 반대하지만 언젠가는 따라올 것이다'라고 착각하고 산다. 모든 사랑과 배려는 전지전능한 자기로부터 비롯된다는 유아기적 나르시시즘(narcissism)에 젖어있다.

따라서 이런 사람들이 자신의 생각에 복종하도록 강요한다면 크게는 민주사회를 파괴하고 작게는 스스로 나르시시즘의 노예가 되고 만다. 이런 사람들이 많으면 많을수록, 설치면 설칠수록 나라는 시끄러워지고 퇴영한다. 다른 한편의 사람들은 전후좌우를 살필 여유가 없이 살고 있으니 적은 충격에도 좌절하고 쉽게 포기하여 가족과 이웃에 부담을 주는 행동을 서슴지 않는다. 아무리 큰 충격도 이겨냈던 선인들의 인품은 현대인들에게 시사하는 바 크다 할 것이다. 그들은 바르고 탄탄한 품성과 유연(柔軟)·원융(圓融)·무애(无涯)·자재(自在)한 지혜가 두터워 어떤 충격도 흡수할 수 있었기 때문이다.

이런 품성과 지혜는 바로 '면목 없습니다'라고 하는 자기 성찰,

자기 검증을 게을리 하지 않은 생활 자세에서 나오는 덕목(德目)이다. 그리고 아동에서 성인이 되기까지 중중첩첩(重重疊疊) 온화하고 절도 있는 교육환경이 빚어낸 산물이라 할 것이다.

지금까지는 생활 속에서 자주 쓰이는 '체면', 남에게 드러낸 얼굴을 뜻하는 '면목'을 이야기했다. 마음의 종교인 불교에서는 부모로부터 태어나기 전의 본래의 진면목(眞面目)을 의미한다. 이것은 모든 중생이 본래부터 가지고 있는 '불성(佛性)'을 뜻한다. '불성'은 부처의 종자(種子)다. 이를 감싸고 있는 미망(迷妄)을, 번뇌 망상을 지워버리면 빛나는 우주의 주인공인 참나, 즉 부처가 되는 것이다. 깨달으면 부처요, 깨닫지 못하면 중생인 것이다. 이를 증거하는 이야기가 육조단경에 전한다.

중국 선종의 육조 혜능스님과 오조 홍인스님 사이의 법 거량 가운데 이런 이야기가 전한다.

홍인: (매우 어리고 누추한 모습의 혜능에게) 어디서 왔는가.

혜능: 영남에서 왔습니다.

홍인: 천민지역 사람이군. 천민이 어찌 부처가 되고자 하는가.

혜능: 사람은 남쪽 지방에 살기도 하고, 북쪽 땅에 살기도 합니다. 북방 사람은 상류층 사람이고, 남방 사람들은 가난한 천민임에 틀림없습니다. 그러나 '불성'이야, 남북이 있으며 부귀빈천의 차이가 있습니까?

홍인은 이 한마디에 그만 사람됨을 알아차려 내치지 않고 받아들여 방앗간에서 쌀 찧는 일을 시키면서 면목 찾는 일에 매진하도록 하였다. 결국 혜능은 진면목을 찾아 많은 선배스님들을 물리치고 홍인으로부터 깨달음을 인가받고 뒤를 이어 육조가 된다.

그렇다. 면목 즉 불성은 사람에 따라 다른 것이 아니다. 진실하여 거짓이 없다. 둥근 달은 맑고 잔잔한 물에는 본래 모습대로 아름답게 비친다. 그러나 흔들리고 탁한 물에는 일그러진 모습으로 비친다. 진면목도 이와 같아서 사람마다 면목은 같지만, 미망과 번뇌, 망상을 걷어내고 지키고 쓰기에 따라 어떤 사람은 '면목이 없는 어두운 삶을' 어떤 사람은 '면목이 빛나는 삶을' 살아간다.

성인도 되고 범부도 되는 귀중한 보배 진면목을 찾아 아름답고 행복하게 살자.

(05. 『날개』 가을호)

분재(盆栽)아이들의 죽음에 부쳐

너희들을 굶겨 죽이다니, 이 어찌된 일이냐? 원통하고 절통하다!

너희들이 내 자식되어 강산이 바뀌도록 무병무탈하게 성장하여 이제 교태(嬌態)와 위엄이 제법이더니, 내가 지난 연말 명예퇴임(名譽退任)이라는 인생의 전환기에서 분주한 사이 허기지다 못해 말라죽었구나.

아! 슬프고 애달프구나. 앙상하게 말라붙어 비목(碑木)처럼 서 있는 너희들을 볼 때마다 눈물은 강물 되어 나의 핏줄 속으로 흐르고, 천지를 진동하는 통곡소리 목구멍으로 기어드니 온몸이 떨리는구나!

너희들이 고향을 떠나올 때 저마다 깊은 사연 있어 뿌린 눈물이 얼마며, 받은 고통 얼마던가? 그 역경을 슬기롭게 넘기면서 신접살이 잘한 보람 있어 찬탄 받으며 아름답게 살 날이 창창한 터에

굶어 죽다니 이 어찌 있을 수 있는 일이더냐?

사연이야 어떠하든 너희들은 멀리는 토말과 소록도에서, 가까이는 충청도 문의, 의정부 송산에서 최근에는 강원대학교 유박사댁과 상계동 정원장집에서 내게로 입양을 왔었지. 이삿짐 트럭 한쪽에 끼어 앉아, 또는 칠흑 같은 승용차 트렁크 속에 갇힌 채 이리치이고 저리 흔들리면서 백리길, 천리길 마다않고 하루 종일 물 한 모금 얻어먹지 못하였으니 차멀미인들 오죽했겠는가? 천신만고 끝에 내 집 마당에 옮겨져 비좁은 공간에 촘촘히 정렬 시켜놓았으니 하늘을 이불로, 땅을 침실로 삼아 지내던 자유를 일시에 빼앗기어 얼마나 답답했었느냐?

며칠이 지난 후에는 온갖 형틀 다 차려 놓고 철사로 이리 묶어 비틀고, 저리 제쳐 돌리다 못해 전정가위로 팔 다리 자르는 고통을 주고 또 허리를 자르며 목줄 끊어 혼을 뺀 후에는 뿌리 몇 개 남겨놓고 몽땅 잘라 버렸지. 상처치료는 하는 둥 마는 둥하고, 오지분(盆)에 자갈 깔고 마사토 덮은 후 올려놓고 철사로 묶을 때도 비명 한 번 지르지 못하고 하늘이 주는 형벌인 양 잘도 참아주더구나.

너희들 팔자 기구하여 나 같은 백정 만나 2~3년 마음 놓고 살만 하면 또 자르고, 주리 트는 형벌 두세 번 받는 사이 10년 세월 훌쩍 지나 병신, 곱사 다된 후에 감았던 철사 풀어주니 그제야 살 것 같은 표정이더라!

이제 와서 가슴 치고, 머리 뜯어 후회한들 무엇 하겠느냐? 그 후 사람들은 정이품송이니, 낙타송이니, 와룡송이니, 용암 올라탄 단풍이니 하며 찬탄을 보낼 때도 너희들은 다소곳이 듣고만 있었지. 그때의 자태 고고하고 단아하여 아직도 내 눈 언저리를 맴돌고 있구나!

그동안 너희들은 풍천노지(風天露地)에서 비바람 맞고, 오뉴월 작렬하는 햇볕에 그을리면서 견뎌내면, 곧바로 겨울이 찾아오고 또 2, 3층 복도계단으로 옮겨졌었다. 심지어 땅에 반쯤 파묻힐 때는 팔다리와 허리 꼬부리고 엄동설한(嚴冬雪寒)을 견뎌내다 새봄이 오면 바깥으로 옮겨져 키 순서대로 서 있었지. 그때서야 온몸 펴고 재건체조하며 즐거워하던 너의 모습 볼 때 고맙고 대견하였지만 버젓한 집 한 채 마련해주지 못한 아쉬움이 가슴을 쳤단다.

먹을거리란 1년에 한 번 콩깻묵 썩혀 주물러 만든 딱딱한 새알심이 한두 알 사타구니에 넣어주고 썩은 오줌에 맹물 타 한 사발씩 뿌려주는 것이 전부였다. 2~3일에 한 번 수도꼭지 틀어 목욕시켜 주다가 장마철, 겨울철이면 그나마 그만두었지. 그렇다고 밥 달라! 옷 달라! 그 흔한 농성 한 번 하지 않는 너희들의 착한 성품에 그저 숙연해질 따름이었다.

그런 역경, 저런 신고(辛苦) 잘 버티어낸 너희 모습들이 특이하고 아름답고 오묘하고 위엄 있다 칭찬한들 처음부터 너의 뜻과 상관없는 고난의 일생이었으니 원한이 사무침을 내 어이 모르겠는가? 그래도 양심은 있어 털구멍으로 진땀이 솟는구나.

차라리 사람들의 눈에 띄지 않고, 자연 그대로 자랐던들 오늘에 이르러서는 숲을 이루어 이웃과 오순도순 행복한 삶을 누렸을 터이니 나의 허물이 태산을 덮는구나.

너희들이 세상 뜬 지 6개월이 지나도록 차마 장사 지내주지 못하고 마른 잎마저 다 떨어져 비목이 되도록 마당에 놓아둔 것은 너희들 죽음으로 하여 매일 매일 참회하며 뭇 생명을 사랑하고자 함이니라.

오늘은 장마 끝 말복이라 무던히도 덥구나. 성냥불을 그어대면 훨훨 탈 것 같이 마른 너의 얼굴이지만 유심히 보고 싶구나. 정이품송을 비롯한 소나무가 열세 놈, 앉은뱅이 무화과나무 두 놈, 천년세월 머금은 느티나무 세 놈, 용암석부단풍 한 놈, 떡갈나무 한 놈의 모습들을 보니 눈물이 앞을 가린다.

이제 와서 생각하니 10여 년 전 어느 날이었다. 최선배가 분재로 가득한 관사마당으로 안내하면서 "여보게 공직퇴임하고 분재를 가꾸는 것도 소일거리며, 군자의 낙일세. 그러니 자네도 이제부터 분재에 취미를 가져보게나" 하면서 전문서적 한 권을 주었다. 그때부터 임지인 순천, 의정부, 청송, 안양 등지를 거치면서 소재 수집도 하고, 회원 간에 주고받으면서 점차 식솔이 늘어나고 기술과 경험도 쌓여 너희들과 말도 주고받을 수 있을 정도의 경지에 이르렀고, '서당개 3년이면 풍월을 읊는다'는 말이 있듯이 어깨 너머로 배운 아내의 수준도 제법 높아진 탓에 나를 대신해서 자식들 기르듯 사랑을 듬뿍 쏟는 처지였다. 임지를 옮길 때마다 이삿짐보다는 너희 놈들 이동에 더 신경을 쓸 정도로 대식구가(50여분) 되었으나 한 놈 실패 없이 길러왔다.

어쩌다 물주는 때를 놓치고, 보온에 신경을 쓰지 못한 탓에 너희들을 아사(餓死) 시키고 보니 우리 내외는 하늘이 노랄 정도로 당황하고 마음도 많이 상했다.

이제 좋은날 받아 독경 속에 화장하여 좋은 곳으로 보낼 일만 남았으나, 선뜻 실행에 옮기지 못함은 아직도 미련을 버리지 못했기 때문이다.

애들아! 오늘도 우리 내외는 너희 얼굴들을 보면서 차마 어쩌지 못해 남몰래 눈물만 흘리고 있다.

아깝고 불쌍한 것들! 그러나 너의 형제 20여 명이 아직도 살아있어 너희들에게 못한 정성을 다 기울일 터이니 용서하여라. 그리고 원하는 사람 있으면 경험과 정성이 있는지를 살펴보아 시집도 보낼 작정이다. 팔자 고쳐 더 잘 살도록 말이다.

부디 맺힌 한 다 털어버리고 좋은 시절, 좋은 곳에서 다시 태어나거라. 알겠느냐? 이놈들아! (98. 9.『수필문학』)

광복의 그날이 오기까지

이제 한 달 후면 8·15광복절이다. 우선 공휴일이니까 집에서, 야외에서, 피서지에서 심신의 피로를 풀 수 있어서 좋을 것이다. 그러나 그날이 오기까지의 가시밭길을 생각한다면, 선인(先人)들이 겪었을 질곡과 고통의 나날들을 떠올려야 할 것이다. 조국 광복을 위하여 몸 바친 애국선열에게 잠시나마 추념의 자세를 갖추는 것이 이 시대를 사는 백성으로서의 도리라고 본다.

나이 탓인지, 아니면 독도니 선제공격이니 하는 일본인들의 입방아 때문인지 요즈음 나는 직접 보고 체험하지 않으면 믿으려 하지 않는 젊은 세대에게 광복의 의미를 각인시키기 위하여 일제 강점기 식민통치 체험사실을 말이나 글로 생생하게 전수하여야 할 의무감 같은 것이 무겁게 다가온다.

나는 광복되기 10년 전에 태어났다. 일제 식민통치의 잔학상이 절정기에 이르고 저들이 소위 대동아전쟁을 일으켜 만주・중국・싱가포르・말레이시아 등으로 전선을 확대할 즈음 유아기를 거쳐 국민(초등)학교 2학년 때 광복을 맞았으니 선명하게 그려낼 수 있다.

㉮ 먼저 농촌 서민의 생활상을 짚어 본다.

농가에 태어나 취학 전에는 담장 밑 소꿉장난, 서당공부, '소풀 먹이기 등의 낭만도 있었지만 동네 사람 사는 모습은 지금 생각하면 비참, 참혹 바로 그것이었다. 배급받은 콩깻묵, 감자, 고구마, 칡뿌리, 솔잎 등 구황식물로 주린 배를 채우고 짚신, 나막신, 게다를 신고 다녔다. 어쩌다 천황생일 하사품인 과자쪼가리, 지까다비(운동화) 한 켤레를 제비뽑기로 차지하면 동네사람은 부러운 눈을 떼지 못했다. 내복도 없이 무명바지 저고리로 긴 겨울을 보내면서도 산감(산림경찰)의 단속에 땔나무도 구하지 못해 냉방에서 식구들의 체온을 모아 추운 밤을 새워야 했다. 그러나 이렇게 어렵고 힘들어도 우리 동네 30가구는 옹기종기 모여 살면서 따뜻하고 두터운 인정과 의리가 있어 버틴 것 같다. 요사이 도시 인심이라면 절망과 자포자기로 살아남지 못했을지도 모른다. 가을철 추수가 끝나면 군량미로 공출하고 지주에게 소작료를 내면 별로 남는 게 없었으니 농촌 서민들은 헐벗고 굶주릴 수밖에 없었다.

㉯ 전시 인력동원으로 남편과 자식들을 일본 군대와 노무자,

위안부로 빼앗겼다. 나의 셋째 삼촌을 비롯하여 장년층 남자들이 일본 탄광과 군수공장 노무자, 일본군 군수물자 보급대원으로 잡혀갔다. 큰누님은 위안부를 피하기 위하여 16살에 시집을 갔고 동네 아저씨들이 군인으로 뽑혀 가슴에, 어깨에 일장기나 휘장을 두르고 일본 군가를 부르며 떠나던 모습이 아직도 새롭다. 그때 살아서 돌아온 사람은 거지꼴로 밤중에 돌아와 대문을 두드렸던 우리 삼촌밖에 없었다.

㉰ 우리 민족을 일본천황의 신민으로 만들려는 황국신민화정책으로 창씨개명을 강요하였다.

당시 모든 사람들은 성을 일본식으로 바꾸지 않으면 살 수가 없었다. 우리 집안은 산본(山本: 야마모토)으로 바뀌었다. 현재 친일청산을 강조하나 당시 국내에 거주한 사람치고 창씨개명을 거부한 사람은 별로 없지 싶다. 그런 상황에서 친일파로 밀어붙이면 할 말은 없다.

㉱ 신사참배이다. 적어도 일제 때 학교에 다닌 학생이라면 다 동참했다. 우리 동네에서 학교까지는 약 5㎞이고 학교에 갈 때는 6학년 상급학생 간부의 인솔로 대오를 갖추어 교문에 들어갈 때는 학생회장에게 거수경례로 인원보고를 엄중하게 하였고 교정에 설치한 신사(神社) 앞으로 가서 절을 하고 헤어져 각자 교실로 들어갔다. 첫 수업이 시작되기 전 스피커에서 울려나오는 "아마데라스 오미까미" 등 그들의 천황숭배·맹세 등을 엄숙한

자세로 듣고 따라하였다. 매주 월요일 전교생 조회 시에는 천황(일본)을 향해 경례를 하였다. 일반인들은 면 단위로 조성한 신사에 강제로 참배하도록 했다.

㉮ 우리말 말살이다. 쪽지 10장씩 학생들에게 나눠주고 일본말을 하지 않고 우리말 하는 학생을 먼저 발견한 사람이 쪽지 한 장을 빼앗는다. 쪽지를 많이 모은 학생은 상을, 모두 빼앗긴 학생은 벌을 받았다.

㉯ 수탈정책이다. 군량미로 쌀, 보리 등 곡물과 목화 등을 수탈하다 못해 심지어 학생들에게 집에 있는 놋그릇(유기그릇) 을 가져오라 하여 탄환을 만들어 썼다. 순사(경찰)들을 동원 집집마다 뒤져서 유기그릇을 모두 빼앗아 갔다. 그러나 조상 모시는 제기 그릇은 어떻게 감추었는지 빼앗기지 않고 절사·기제사시에 사용한 어른들의 지혜와 효심이 어린 나를 놀라게 했다. 항공기 기름이 모자란다는 구실로 소나무 광솔 따오라 하였고 식량을 증산한다고 퇴비용 풀 베어오기를 어린 학생들에게 독려하였다. 진주만 공격으로 촉발한 전쟁이 2차 세계대전으로 확전되자 수탈은 극에 달했다.

㉰ 감시체제이다.

오가작통(五家作統)으로 묶어서 이웃 주민 사이에 감독의 끈을 죄었고, 주민의 생활 실태를 파악하기 위하여 소위 위생검사 명목으로 서민 살림살이도 감시했다. 지금도 인상 깊었던 일은 위생검사 하는 날의 풍경이다. 정갈한 성품에 절제 있는 살림을 하셨던 우리 어머니는 왜놈 순사의 지적이 싫었던지 안마당, 바깥마당 쓸기, 장단지, 솥뚜껑 닦기, 광·토광·뒷간·외양간의 먼지·거미줄 털고 쓸고 걷어내기를 다한 다음 단정한 차림을 하고 기다렸다. 그러면 긴 칼을 찬 주재소 순사(파출소 순경)가 군화소리를 저벅저벅 내면서 대문으로 들어와 구석구석 살핀다. 장독·쌀독까지 열어보고 나가면서 하는 말, "부인께서는 살림을 잘합니다."이다. 나는 일본 순사가 우리말을 하는 이유가 궁금하여 어머니께 물어보니 "저 놈은 ○○동네 누구의 자식"이라고 하였다. 지금 생각하면 친일의 졸개들은 면서기, 주재소순사, 금융조합서기, 교사가 아니었던가 생각한다. 그중에도 순사는 우는 아이도 '순사 온다'는 말에 울음을 그칠 정도로 무서운 존재였다. 이들도 동포를 괴롭히지만 않았다면(호구지책으로 일자리를 찾다보니) 너그러움으로 친일에서 감 일등 할 수도 있을 것이다.

무덥던 어느 날 일본 천황의 항복 성명이 라디오를 타고 들렸다. 우리 동네는 유일하게도 당숙 집에만 있는 라디오 앞에 동네 사람이 모여들어 떨리는 천황의 말을 듣고 환호하며 만세를 불렀다. 일본인 교사가 학교운동장 한구석에서 일장기와 문서 등을 모아놓고 불태우는 모습이 어린 눈에도 측은해 보였다. 2~3일 후에는 우리 학교 운동장에도 많은 사람들이 모여들어 태극기 물결을 이루었다.

민족 수난기에 살아남아 민주 한국을 건설하고 성장 발전하는 데 성실하게 국민의 도리를 다한 민초들을 이제 와서 엄격하고 부정적인 잣대로 친, 반일을 가려내기란 참으로 어려운 일이다. 오히려 국민화합에 틈이 나지 않을까 염려가 된다. 일시적 감상적이 아닌 역사적 시각으로 조사, 연구하여야 할 것이다. 직위를 막론하고 악질적으로 친일·반민족 행위로 축재하고 영달한 자들은 후세를 경계하는 차원에서 정확한 조사와 공정한 선별로 공개, 공람함이 마땅하다고 본다.

일제 강점 36년간 고생한 할아버지, 할머니, 아버지, 어머니들이 다 떠나고 당시 코흘리개였던 나도 이제 그분들 뒤따라 갈 때에 즈음하여 일제시대(日帝時代)에 체험했던 몇 가지 사례를 남기고자 함은 일본을 정확히 알아야 '후대를 대비할 것'이라는 충정에서다. '지피지기는 백전불패'라 하지 않던가.

(2011. 『한올문학』)

노약자석

고향에 갔다가 돌아오는 길에 서울역에 내렸다. 1호선 전동차로 환승하기 위하여 지하 서울역 승강장에 이르렀을 때 반가운 얼굴이 나타났다.

"아! 얼마만이야!"

먼저 본 황군이 반갑게 달려와 나의 상반신을 끌어안으며 하는 말이다. 나도 황군의 등을 두드리면서 "그러게 말이야, 꽤 오래된 것 같아." 하면서 명예퇴임 후 격조했던 세월을 이야기하는 사이에 전동차가 들어와 멎는다. 우리는 차안으로 들어갔다. 황군은 노약자석이 있는 쪽으로 앞장서 간다. 나는 뒤따라가면서 "자는 척하는 자리인데 뭣 하러 그쪽으로 가는 거야?" 하니, "그래도 누가 알아?" 하면서 바로 그 자리 앞에서 손잡이를 붙들고 서 있는 것이다. 나도 그 옆에서 노약자석에 앉아있는 얼굴들을 본다. 모두들 자는 모습인데, 그 얼굴들이 평화롭게 보이질 않는다. 바로 그때였다. 두어 발치 떨어져 서 있던 노신사 한 분이 "자리 양보를 강요하지 마세요. 젊은 사람이지만 정말로 몸이 아픈지 어떻게 알아요? 자연스런 양보가 좋은 것이지 그렇게 강제로 유도하는 것은 옳지 못해요." 한다.

그러나 나는 강요하거나 유도한다는 생각은 조금도 없었다. 내 나이도 경로증 나오려면 아직 몇 년이 남아 있고, 건강도 자리를 양보 받을 정도는 아니다. 다만 평소의 느낌을 주고받은 말인데, 의외로 진지한 반응을 불러일으키니, 사실 당황스럽고 민망하여 멍하니 그분을 바라보았다. 그런데 뜻밖에도 그 노약자석에 앉아있던 젊은 여성이 미안한 표정으로 일어선다. 나는 나의 뒤에서 몸을 가누기조차 힘들어하는 팔순이 넘어 보이는 꼬부랑 할아버지를 안내하여 앉게 하였다. 그분은 연신 눈으로, 머리로 고맙다는 인사를 한다. 나는 그 노인에게 "이분이 자리를 양보했어요."라고 하면서 손으로 젊은 여인을 가리켰다.

그러나 그 노인은 가리키는 손끝은 보지 않고 나에게만 고맙다고 하는 것이다. 그대로 있기에는 너무나 민망스러워 양보한 젊은 여성에게 "고맙습니다."라고 대신 인사를 하였다.

그 젊은 여성은 멋쩍은 듯 얼른 자리를 떴다. 나는 잠시 시선을 옮기었다. 공교롭게도 조금 전 강요하지 말라던 노신사의 시선과 마주쳤다. 아마도 그분은 나의 행동을 주시하고 있었나 보다. 대단히 불쾌한 표정의 그분은 얼른 시선을 돌리더니 용산역에서 내리는 것이다. 나는 잠시 생각을 멈추고 있는데 황군이 말을 건다.

"늙은 것도 서러운데 지정석도 차지하지 못한 데서야! 전동차 한 칸에 있는 노약자석이 16석인데, 이것만이라도 지켜진다면 얼굴 붉히는 일은 없을 텐데 말이야!"

"자네 말에 일리가 있어."

그러는 사이에 전동차는 신길역에 도착한다. 나는 황군이 내린 후 생각이 깊어진다. 오랜만에 만난 친구와의 가벼운 대화가 주목을 받다니…. 사건이라면 사건이다. 그날의 노신사의 모습이 며칠간 나의 머릿속에서 떠나지 않았다. 아마도 그 노신사는 정장차림에 얇은 가방을 든 모습으로 보아 나이는 65세 정도이고, 대학교수나 목사처럼 보였다. 그분들은 하는 일이 늘 가르치고 인도하고 지도하다 보니 주관이 뚜렷하여 누구 앞에서나 하고 싶은 말을 거침없이 하는 소신과 용기가 있다. 사실 그날은 나와 나의 친구 황군 사이의 대화 끝에 나온 말로, 다른 사람들은 그냥 스쳐버려도 되는데, '마세요', '못해요', '알아요?'라는 말로 자기소신을 피력하는 것은 아무나 할 수 있는 것이 아니기 때문이다. 평소 뚜렷한 주관을 가지고 여러 사람 앞에서 강의나 설교를 하는 사람이 아니면 말이다. 그러나 나의 이러한 예측이 정확하다고 말할 수는 없다. 하여튼 그분의 말씀은 사려 깊고 온당하다고 본다. 이동 중인 전동차 안에서의 스치는 듯한 대화이지만 서로에게 깊은 인상을 준 것 같다.

한 번 더 만날 수만 있다면 '국민윤리선양'이라는 주제로 깊고 넓은 토론을 전개할 수 있을 것이다. 그러나 유감스럽게도 다시 만날 인연이 없을 것 같아 나 혼자서 메아리 없는 넋두리라도 늘어놓는다.

세상이 그분과 우리 모두가 바라는 바대로 자연스럽게 경로의 마음, 효친의 사상이 우리나 가정에서나 사회에서 어른을 공경하는 풍토가 자리 잡는다면 얼마나 좋을까? 부모님 · 조부모님을 모시고 사는 가정이 늘어나 '혼정신성(昏定晨省)'을 거르지 않고 출필고반필면(出必告反必面) 하면서 계절에 따라 의식주에 불편 없이 살펴드리면서 어른 뜻 거스르지 않고 따뜻한 대화가 끊이지 않는다면 바로 그것이 효친(孝親)의 으뜸이요. 집밖에 나가서는 장유유서(長幼有序)를 지키면서 자신의 부모 대하듯 어른들을 공경한다면 바로 이것이 경로(敬老)의 지름길이다. 그런데 현실은 이와는 점점 멀어져만 가는데 괜히 늙은이들끼리만 이러쿵저러쿵 시비를 걸고 있다는 생각에 입맛이 쓰다.

원래 나는 전동차를 탈 때는 노약자석 근처에는 가지 않는다. 그 자리에 앉으면 괜스레 늙었다는 생각이 들어 싫었고, 일반석 앞에 서 있을 때도 운수 좋은 날 젊은 사람이 자리를 내줄 때도 있는데 한동안은 내가 이렇게 늙었나 하는 생각에 떨떠름했다.

그런데 요즈음은 아가씨가 자리를 내줄 때면 "양반집 규수라 틀리구먼!", 총각이면 "뼈대 있는 가문의 후손이구먼!" 하는 덕담이 스스럼없이 나온다.

그 사건 이후 나는 나보다 더 늙어 보이는 사람이 앞에 서 있으면 얼른 자리를 내준다. 상대방이 사양하면 다음 정거장에서 내린다고 거짓말까지 하면서 말이다. 젊은 사람에게 강요하거나 유도하지 않으면서도 자연스럽게 경로의 마음이 우러나게 하려면 솔선수범만이 왕도이기 때문이다. 노약자석 지정이 필요 없을 정도로 경로사상을 선양하려면 좋든 싫든 우리의 것을 찾아내어 가꾸고 다듬어 오늘에 되살리는 길밖에 없다. 젊은 세대들이 부담 없이 받아들이고 따라올 수 있는 경로효친의 기법 개발에도 소홀히 해서는 안 된다. 외래문화에 젖고 사대에 찌든 국민의식을 깨치도록 가르쳐야 한다.

반면 어른들은 섭섭해 하거나 노여워하기 전에 너그럽고 부드럽게 젊은이들을 포용할 줄도 알아야 한다. 그리고 젊은 세대에게 비추어진 일그러진 자화상을 바로잡는데 인색하지 말아야 한다. 불공(不恭) 하고 불효(不孝) 하며, 패륜(悖倫)하고 질서의식(秩序意識)이 마비(痲痺)된 젊은이들이 있다고 절망해서도 안 된다. 아직도 절대 다수의 젊은이들이 어른들에게 자리를 내어줄 줄 알고, 부모에게 효도하기 위하여 고뇌(苦惱) 하며, 바르게 살려고 노력한다는 사실에 희망을 걸어야 한다.

많은 사람들이 주장한 말을 유식한 척 중언부언하는 것은 상경하애(上敬下愛) 하고 경로효친(敬老孝親) 하는 따뜻하고 살맛나는 사회, 예절(禮節)과 의리(義理)가 충만(充滿)나라에서 살고 싶어서다. 이런 희망(希望)은 나만의 것은 아니라고 본다.

(99. 10.『문예사조』)

닭을 보고 배운 선인들…

열린 눈으로 보면 세상만물이 스승 아닌 것이 없습니다. 저만큼 서 있는 늙은 소나무 한 그루를 보면서 불볕더위와 살을 에는 추위 속에서도 푸름을 더하는 높은 기상과 절개를 배웁니다. 산을 가슴에 품고 유장하게 흐르는 강물에서 유한한 인생을 한탄합니다. 태풍이 몰아쳐도 의연한 바위에서 스스로의 경거망동을 성찰합니다. 포악스런 이를 보면 선행을 다짐하고 도인(道人)을 보면 게으름을 경계합니다.

어디 그뿐이겠습니까. 천강(千江)에 뜬 달과 구름 한 점 없이 맑은 하늘 조용히 들여다보면서 '마음의 달'을 건져낼 때도 있습니다. 이와 같이 만유일체가 선생이요 도반입니다.

금년은 닭의 해이니 우리 선조들은 닭이 가지고 있는 덕성을 찾아내어 배우고 일상생활에 익히면서 가까워진 이유를 살펴보겠습니다.

첫째, 부귀공명으로 보았습니다. 닭 머리 위의 볏을 왕관 또는 관리가 쓰는 모자로 보았습니다. 벼슬을 하여 입신출세·부귀공명을 누린다고 여겨 그림, 연적, 조각 등에 등장시켰습니다.

둘째, 상서로움을 미리 보여주는 길조로 보았습니다. 『삼국유사』, 『삼국사기』에서는 알영, 알지 같은 임금이나 왕후가 출현할 때 그 서조(瑞兆)를 보여주는 새로 조속의 그림 '김알지 탄생신화도'에는 흰 닭이 울고 있습니다.

셋째, 식량, 환생으로 보았습니다. 천마총의 계란, 기타 고분군의 닭뼈 등이 출토됨은 닭고기를 저 세상에서의 식량으로 먹고 살다가 환생한다는 의미로 해석됩니다.

다른 일설에서는 암탉과 수탉이 각기 다른 5덕을 지니고 있다고 합니다. 볏을 문(文)으로, 발톱을 무(武)로, 잘하는 싸움을 용(勇)으로, 같이 나눠 먹음을 인(仁)으로, 매일 정확한 시간을 알려주는 울음을 신(信)으로 보아 수탉의 오덕(五德)을 기렸습니다. 21일 동안 정성들여 알을 품어서 병아리를 부화시켜 잘 키우는 모성애(母性愛), 매일 알을 낳아 주는 보은(報恩), 또래끼리 싸움질 하지 않고 잘 지내는 우애(友愛), 수탉에 잘 따르는 순종(順從), 배부르면 먹지 않는 절제(節制) 등을 암탉의 오덕으로 칭송하였습니다.

닭에 얽힌 풍속을 살펴보면 설날에는 호랑이와 더불어 액땜하는데 쓰인 호계도(虎鷄圖)에 올랐고, 계명점년(鷄鳴占年)이라 하여 정월 보름날 새벽 닭 우는 소리를 듣고 그해의 풍·흉(豊·兇)을 점쳤습니다. 어린이 놀이로는 '닭살이 놀이'가 있는데 닭과 살쾡이 놀이라는 뜻으로 일명 '꼬리 따기 놀이'라고도 합니다. 살쾡이가 된 앞사람의 허리를 잡고 구부린 상태로 여러 명이 늘어서고 맨 뒷사람이 닭이 되어 살쾡이가 닭을 잡는 놀이인데 잡으랴, 잡히지 않으랴 애를 쓰다가 잡히면 임무를 교대합니다. 어린이와 청장년이 함께 즐기는 '닭싸움놀이'는 일대일 또는 여러 사람이 패를 갈라서 각자 발꿈치나 발목을 움켜쥔 채 오른쪽 다리로만 서서 왼쪽 무릎이나 몸통으로 상대방을 밀어 넘어뜨려야 이깁니다. 한발로 균형을 잡고 움직여야 하는 고난도 기술을 요하는 경기입니다. 밤잠자다가 변을 보는 어린이 버릇을 고치려고 밤중에 닭장 앞에서 "닭아! 닭아! 닭이나 밤똥 싸지 사람도 밤똥 싸냐?"라고 세 번 반복하면서 절하는 '닭에게 절하기' 속신(俗信)도 있습니다. 투계(鬪鷄)는 수탉끼리 싸움을 시켜 이를 보고 즐기거나 내기를 거는 놀이로 특히 3월 3일 삼짇날에 성행하였습니다. 유래를 보면 중국 당나라 명황이 투계의 시조라고 기술한 『일본서기』가 있고 조선조 영조 때 정범조의 『해좌집』에 투계에 관한 시(詩)가 있으며, 조선 민화에도 닭싸움이 그려져 있어 투계의 역사는 꽤 오래된 것으로 보입니다. 그밖에 어린이 놀이인 '닭잡기'는 십오륙 명의 어린이들이 가위 바위 보로 순서를 정하여 끝 번호를 '너구리'로 바로 그 앞 번호를 '닭'으로 정하고 나머지 어린이들은 손을 잡고 둥글게 둘러섭니다. 원안에 있는 닭을 밖에 있는 너구리가 꾀로 혹은 완력으로 잡으려고 애를 쓰고 둘러선 어린이들은 이를 극구 방어해 줍니다. 우여곡절 끝에 잡히면 임무를 교대합니다. 제주도 풍속인 음력 6월 20일은 노부모를 위하여 닭을 잡아 봉양하는데서 유래한 '닭 잡아먹는 날'이 있는데 현재까지 이어지고 있습니다. 그밖에 전북지방의 여인들만의 추석 민속놀이인 '닭잽이'는 남자들은 보지 못하게 달밤에만 합니다.

이상은 서지학적 탐구였고 우리 조상들은 닭의 꼿꼿한 볏과 부리부리한 눈망울에서 보이는 당당함이며, 먹이는 혼자서 먹지 않고 '꼬꼬~' 하면서 근처에 있는 닭을 불러들여 같이 쪼아 먹는 인정머리며, 새벽이 되면 어김없이 울어 시간을 알리는 성실, 정직 등 세 가지 덕성을 인정하여 일찍부터 사람들의 아낌을 받았습니다. 이와 같이 귀여움을 듬뿍 받으면서 민가는 물론 절에서도 지네의 천적으로 많이 길렀습니다.

닭에 대한 불교의 역사적 이미지는 깨달음입니다. '본생 담' '증일아함경'에는 닭이 군다리보살의 화신으로 마귀를 무찌르는 성질이 급하고 화를 잘 내는 모습으로 그려져 있습니다. 그러나 마귀가 따로 있는 것이 아니라 삼독심이 곧 마귀로 이 보살은 삼독심에 허덕이는 고해중생을 깨달음의 길로 인도하는 수호신으로 보아야 옳지 않을까 합니다.

낮닭이 홰를 치며 꼬끼오! 우는소리에 서산대사가 활연 대각하여 가라사대,

머리는 희어도 마음은 희지 않는다고
옛 사람들은 수없이 말했지만
이제 외마디 닭 울음소리 듣고 나니
장부의 할 일을 모두 마쳤구나!

서산대사처럼 닭의 울름소리를 듣고 크게 깨달아 오도송은 읊지 못할망정 닭의 덕성을 본 닫아 고희를 앞둔 인생 부끄럽지 않게 살고 싶다. 가끔은 장닭처럼 멋들어지게 한 곡조 뽑아 올리기도 하고 암탉처럼 벗님네 불러 모아 잔치판을 벌이면서….

닭 선생 부리부리한 눈으로 지켜봐주세요.

(2005. 5.『한맥』)

막내딸 생일에

아침 밥상에 미역국이 올라왔다. 나는 오늘이 누구의 생일이냐고 물어보았다. 앞에서 밥을 먹던 막내딸이 하는 말, "아빠, 오늘이 저의 생일인 것도 모르세요." 하면서 뾰로통한 표정이다. 아무 말 하지 않고 국으로 밥이나 먹고 점잖게 물러날 일이지, 괜스레 한마디 하여 점수만 잃은 꼴이 되었다.

그러나 가만히 있다고 그대로 넘어갈 막내가 아니다. 예의대로 용돈에다 생일 보너스까지 챙길 것을 뻔히 알고 있는 나는 손 내밀기 전 축하금을 약간 더 얹어 주는 것으로 잃은 점수를 만회하려 했다(점수를 주고 안 주고는 전적으로 막내 마음이지만). 하여튼 생일은 좋은 날이다.

사람이 태어난 날을 이르는 말인 생일에 관한 말이 여러 가지가 있다. 귀빠진 날이라고 해학적으로 말하기도 하지만 존경하는 분은 탄생(誕生)이라고 한다. 임금이나 성현은 탄신(誕辰) 또는 탄일(誕日)이라 하며, 또는 하늘에서 내려왔다는 의미의 탄강(誕降)이라고도 한다. 그러나 보통 사람들은 생일이라고 하는데 이는 세상에 태어난 날, 해마다 그 달 그날을 뜻한다. 이날은 음식을 차려 친척과 이웃을 불러 모아 잔치를 하는 풍습이 있었는데, 우리나라는 고려 때부터, 중국에는 제나라, 양나라 때 생겨 당송이후로는 널리 퍼졌다고 한다.

생일이라는 말은 주로 손아래 사람에게 쓰이고, 손윗사람에게는 생신(生辰), 성현과 임금에게는 탄일, 탄신으로 구별하는 습속은 예를 숭상하는 조선시대부터의 일이다. 그 외에 생신과 같은 뜻으로 쓰이는 말은 수신(受信), 수일(晬日), 호신(弧辰), 초도일(初度日) 등이 있다. 글로 쓸 때는 수신이란 말을 주로 쓴다.

생일은 또 사주 중 하나이다. 사주(四柱)는 사성(四星)이라고도 하는데, 낳은 해·낳은 달·낳은 날·낳은 시를 말한다. 사주는 인생을 떠받치는 네 기둥으로 길이·무게·하중이 조화를 이뤄 인간의 생애를 조정한다는 것이다. 사주에 간지(干支)를 붙여 사람들의 길흉화복 등 운명을 푸는데 이런 사람을 사주쟁이라고 한다. 일이 잘 풀리지 않던가, '장래예측'을 하고 싶은 사람들은 이들을 찾아 나선다.

하여튼 동서양을 막론하고 생일은 축복의 날임이 틀림없는 것 같다. 그러나 '의식(衣食)이 족(足)해야 예(禮)를 차린다.'는 말이 있듯이 옛날에는 밥술이나 먹는 집에서 생일을 찾아 먹거나 회갑 날이나 잔치를 벌였지, 가난한 집은 그럭저럭 넘어가는 것이 예사였다.

우리나라가 보릿고개를 넘어서 먹는 문제가 해결된 70년대 이후 회갑잔치는 물론이요, 매년 돌아오는 부모님 생신에는 돈 벌러 객지에 나가 있던 자손들이 고향에 찾아와 동네 사람 다 모시고 요란뻑적지근하게 잔치를 벌이는 것이 보편화되었다. 잔치 후 동네사람들 입방아에 따라 새로운 효자가 탄생하게 되니 출향(出鄕) 자손들 간에는 경쟁심이 움트는 것이 당시의 풍속이기도 했다.

생일잔치는 해마다 돌아오는 돌잔치 이외에 오십세 이후에는 육순(六旬) 회갑(回甲) 고희(古稀) 희수(稀壽) 미수(米壽) 등 특별한 의미의 생신잔치가 있다. 그러나 요사이는 유치원 아이들도 '또래'들을 불러 모아 즐겁게 생일 잔치판을 연다. 선물까지 사가지고 와서 '생일 축하합니다' 노래까지 부르면서 잘도 논다.

이렇다보니 자연 또래들은 또래들의 생일을 다 알아서 챙겨주기까지 한다. 분주한 부모들이 미처 생각 못하면 당당히 생일상 차려주기를 요구하는 세상이다. 자녀들의 행복을 위해서는 무한 희생, 무한봉사를 아끼지 않는 부모로서는 잘 차려 주고 싶을 것이다. 그러나 도를 지나쳐 과소비에 이르도록 어린아이들의 생일상을 차려주고, 심지어는 호텔에서 생일판을 벌이는 부모도 있다니 원!

좀 잘 산다고 이래도 되는지 다 같이 생각해 볼 일이다. 절도(節度)를 지켜 분수껏 살아야 아이들도 성실한 사람으로 자랄 것이다. 자식의 생일은 이러한데, 그동안의 부모님들의 생신풍속도는 어떻게 그려지고 있는가?

30년, 20년, 10년 전후로 구분하여 본다면 앞의 경우 친척, 친지, 동리사람까지 어울려 즐기는 축하의 한마당이었다면, 가운데의 경우는 동리사람이 떨어져 나갔고, 뒤의 경우는 가족만의 생일차림으로 축소되어 가고 있다.

최근에는 생일잔치 대신 국내외 여행으로 바뀌어가고 있다. 많은 사람이 모여서 같이 먹고 즐기며 덕담(德談)을 나누던 인정 넘치는 모습은 사라져가면서, 인심도 점점 삭막해지고 있다.

농경사회에서는 일철만 지나면 시간여유가 있고, 대체로 안마당 바깥마당이 있는 주거형태로 여러 사람이 모이면 자연스럽게 놀이마당을 열 수가 있다. 그러나 시간이 늘 빠듯하고 고밀도의 주거 환경에 사는 현대생활에서는 여러 사람이 모이기가 간단치 않고 간편 위주로 변하는 현실을 무시할 수는 없다.

하지만 부모들은 아들딸들 생일을 챙겨주면서 무럭무럭 자라는 보람에 손발이 불어터지고 애간장 다 녹았는데 성장하여 짝지어 놓으면 어찌 되는가? 제 자식 낳아 기르느라고 부모생각은 뒷전으로 밀리는 것이 상례이다. '내리사랑'이라는 말이 있다. 자손이 창성(昌盛)하고 입신출세(立身出世)하여 가문을 빛내는 것도 부조(父祖)님께 효도하는 일 중 하나라고 한다. 그러나 제 자식을 위하는 마음의 절반만이라도 부모를 생각한들 경로효친 사상이 빛을 잃어가지는 않을 것이다.

스스로를 성찰할 때 나 자신도 할 말은 없다. 내 생일에 나를 낳아 주신 부모님 은혜에 진정으로 감사하는 실낱같은 한줄기 정성이라도 있었는가를 생각해보면 몸둘 바를 모르겠다. 나 잘난 맛에 생각 없이 지나친 것이다.

이제 때늦은 후회는 참회와 반성으로 접어두고 나를 낳아준 부모님 은혜에 감사하는 마음 밭이라도 일구어볼 작정이다.

꽃 한 송이라도 진정한 감사의 마음을 담아 살아계신 어머님께 달아 드려야겠다. 그보다는 이렇게 육신과 정신을 온전하게 낳아주시고 한길이 되도록 가르치고 길러 주신 은혜와 성혼시켜 나 또한 부모 되도록 하여 주신 은혜에 감사하는 마음의 꽃다발을 한 아름 드려야겠다.

95세이신 어머님께서 환갑이 넘은 자식걱정 하듯이 나 또한 늘 부모님 생각을 잊지 않고 살 수는 없을까? 하루 종일 상념에 젖어있을 때 막내딸이 친구들이 사준 선물을 한 아름 안고 들어온다. 우리 부부 앞에 펴놓고 이것은 누구에게서 받은 선물이고 저것은 아무개가 준 것이라고 호들갑을 떤다. 내가 못 다한 축하를 밖에서 듬뿍 받아 들어오니 내 생일 같이 기쁘고 좋다.

그러나 '엄마, 아빠, 나를 이렇게 예쁘고 건강하게 낳아주셔서 항상 고맙게 생각합니다'란 말 한마디 있을 법도 하건만…. 하여튼 좋은 사람 만나 시집가 잘살기만을 바랄 뿐이다.

(87. 12.)

노병, 전적지에 서다

보훈의 달 6월이 오면 동족상쟁의 격전장이었던 강원도 고성 땅을 구석구석 누비는 문단 선배 한 분이 있다. 포탄에 산화한 전우와 '살려 달라!' 외치면서 후송차에 실려 갔던 상사와 동료의 모습이 떠올라 그냥 지나치지를 못한다는 것이다.

10년이면 강산이 변한다 했는데 54년이 지난 지금 전우가 쓰러져간 곳을 찾는 것이 쉬운 일인가? 전사에 길이 남을 승리의 땅이라든가 아니면 빼앗고 뺏겼던 격전의 장이라면 기록을 뒤져서 찾을 수도 있으련만 전방 지휘소 설치 중 2명은 전사하고 6명이 부상당한 자리를 산림이 우거지고 물길이 바뀐 지금 어찌 찾는단 말인가.

그분은 김태호 원로 소설가요 평론가다. 소득도 없는 전적지 찾기를 3년째인 올해도 계획하고 있었다. 사연을 잘 알고 있는 문단 동료 3인과 김선배 연재소설에 삽화를 그렸던 최찬우 화백이 동행하기로 했다.

약속한 날 아침 8시 5호선 오목교역에 나가니 김선배는 벌써 나와 기다리고 있었다. 전동차에 동승하여 영등포구청역에서 2호선 전동차로 환승, 홍대입구역에서 내렸다. 출근시간대라 젊은 직장인들이 물결처럼 밀려오고 밀려가는 생기 넘치는 모습을 보고 침체의 덫에 걸린 이 나라 경제 상황을 이해할 수 없었다. 저렇게 바쁘게 열심히 일을 하는데 정치인들이 뒷다리를 잡고 있지는 않나 하는 생각이 들어 입맛이 씁쓸하다.

하여튼 약속장소에 이르니 박영만, 김종남 시인이 기다리고 있었다. 잠시 후, 최찬우 화백이 차를 몰고 와 함께 타고 강원도 전적지 답사여행은 시작되었다. 러시아워 서울도심을 힘겹게 통과 강변을 따라 양수리, 용문을 내달리는 차창 밖에는 모내기를 끝낸 논의 물골이 하얗게 빛나 뿌리내린 파란 모와 조화를 이루고 산에는 망초꽃이 하얗게 밤꽃을 떠받쳐 주고 있어 호국영령들을 우러르는 듯하였다. 최화백은 능숙한 운전솜씨에 버금가는 구수한 달변으로 박대통령이 초등학교 친구를 만나 소원을 물으니 '예비군 중대장'이라 하여 즉시 그 지방 군수에게 부탁하여 중대장 완장을 채워줬는데 오토바이를 타고 거리에 나타나기만 하면 그곳 기관장들이 굽실거렸다는 일화며, 연희동 전직 대통령 집골목 초소 운영책임자로 있을 당시 경제특보 모씨를 통금위반으로 파출소에 넘겨 기어코 벌금딱지를 떼게 한 일 등 배꼽 잡을 웃음을 선물하는 바람에 어떻게 진부령을 넘어 양양, 속초, 간성, 거진을 거쳐 목적지에 왔는지 모른다.

약속시간 13:30에 육군 제22보병사단 수색대대 정문초소 헌병에게 사유를 이야기하는 순간 임원사가 승용차를 몰고 와서 답사지역에 관해 김태호 선배와 이야기를 주고받는다. 그러나 김선배가 찾는 곳은 '서쪽 산 속으로 달리다 고개를 넘어서면 개활지'가 나오는 바로 그 지점이란다. 한 길 정도 깊이의 강이 흐르는 곳으로 '포탄이다!'라는 고함소리에 납작 엎드린 순간 1탄이 터졌고 2탄, 3탄이 터지기 전 대원들은 강물로 뛰어들었으며 앰뷸런스가 달려와 환자를 후송한 도로 등이 어우러지는 지역인데 이와 같은 기억과 일치하는 곳을 임원사는 찾아낼 수 없는 모양이다.

그대로 발길을 되돌릴 수 없어 물과 산이 있는 곳 몇 군데를 승용차로 돌아보는 것으로 만족할 수밖에 없었다. 아쉽게도 작별하면서 동행 문인들의 작품집 20여 권을 선물로 전달하고 건봉사로 갔다. 건봉사 주지스님은 나와 오랜 연이 있는 분이라 만나면 긴긴 사연을 풀어낼 수도 있었으나 부재중이라 공양주의 차대접만 받았다. 부처님 진신 치아사리를 친견하고 6·25동란 시 고성군 일대에서 전사한 장병 1,300여 분의 위패가 모셔진 지장전에 들어가 묵념을 올렸다. 김태호 선배는 전사한 전우의 이름을 찾아보았으나 한 분의 전우도 찾지 못하고 전각을 나오고 말았다. 일주문에서 사진 몇 장을 찍고 속초를 향해 달리다가 간성읍에서 점심을 먹고 나니 때는 오후 3시 30분이었다. 수색대대장과의 약속시간을 지키려고 점심을 거른 지라 생태찌개 백반이 꿀맛이었다.

다시 하늘빛과 물빛이 맞닿는 수평선을 바라보며 달렸다. 청간정에 들러 이승만 박사가 1953년에 다녀간 기념으로 쓴 현판 글씨가 달필이었음을, 최규하 대통령이 경신년에 들러 지었다는 '嶽海相調 古樓上 果是關東 秀逸景(악해상조 고루상 과시관동 수일경)' 현판을 살폈다. 청간정은 약 5백여 년 된 정면 3칸 측면 2칸 겹치마 팔각지붕 목조 기와집으로 강원도 정자의 진수라 할 수 있고 산과 바다 사이의 입지선정이 우수하단다.

청간정을 뒤로 남으로 물빛과 산빛 사이로 내달려 대포항 동해콘도에 여장을 풀고 생선 난장에 들어서니 호객하는 사람들의 억양이 강원도 냄새를 구수하게 풍긴다. 간혹 센소리, 늘어진 소리, 감치는 소리가 섞여 8도 장사꾼이 다 모인 듯했으나 구수한 소리 속의 한 줄기일 뿐이다. 호객도 고도의 연출이어야 성공할 수 있는 것 같다. 우리가 들른 가게 아줌마는 광어를 번쩍 들어 한 바퀴 돌리다 소쿠리에 담는다. 우럭과 도미는 생긴 모양대로 담고 오징어는 섬세하게 흔들더니 다리가 활짝 펴지도록 거꾸로 들었다 담는다. 멍게는 선홍빛 나는 모가지에 눈길을 준다. 그렇게 담은 한 소쿠리를 들이대듯 쳐들면서 '5만원!' 하고 소리친다. 반응이 없자 "오징어 한 마리 더!" 그래도 반응이 시원치 않자 "옜다, 모르겠다. 한 마리 더!" 하면서 담는다. 결국 팽팽한 흥정은 끝나고 신기에 가까운 회 뜨는 칼놀림을 연출한다.

콘도로 돌아와 회와 소주로 배를 채우고 기분이 상기된 일행에게 내가 '동행자 5명이니 오우회(五友會) 결성을 하는 게 좋을 듯하다'고 제의하자 박수로 동의한다. 이어지는 담소 중에 자리 펴고 누웠다. 이부자리를 4채밖에 주지 않아 "현지처와 합방하세요." 하면서 김태호 선배에게 독방을 주었다. 그런데 몽중여인과 궁합이 맞지 않았는지 잠자다 말고 고함을 지르는 것이 아닌가. 이부자리 3채 가지고 4명이 자야할 형편을 감지한 박영만 시인이 먼저 방석 3개를 나란히 깔고 누운 뒤 이불을 덮고 양팔을 이불 밖으로 뻗쳐 지그시 누르고 반듯이 눕는다. 신기하게도 그 나이에 밤중에 화장실(야뇨) 출입 없이 반듯한 자세는 아침 일어날 때까지 이어졌다. 과시 양반의 잘 다듬어진 잠습관이다.

김종남 시인은 소주 반잔에 배탈이 났다고 새우처럼 웅크리고 자고 최화백은 엎드리고 자다가 이불을 껴안고 자다가를 반복하는 것이 부부 사이에 금실이 꽤나 좋은 모양이다. 나는 준비 없이 따라 나선 터라 팬티에 메리야스 바람으로 누웠다. 깊은 잠이 오지 않아 밤바다에 뜬 집어등 불빛과 별빛이 바다와 삼각관계로 살을 섞어도 조용하다는 것을 알았고, 동행자의 잠버릇도

엿볼 수 있었다.

나는 자는 듯 마는 듯 여명을 맞는다. 벌써 고깃배 20여 척은 어장을 향하여 평화롭게 흐른다. '해야 솟아라. 해야 솟아라.' 잠시도 눈을 떼지 못하고 동쪽 하늘을 주시한다. 도반들도 누워서, 앉아서, 카메라 초점을 맞추면서 솟아오르는 해를 잡으려 한다. 드디어 해가 얼굴을 조금씩 아주 조금씩 드러내더니 어느 순간 둥근 해, 붉은 해가 솟았다. 햇빛을 바다에 깔지 않고 솟으니 더욱 또렷하게, 확실하게 볼 수 있었다. 그 순간 하느님, 부처님, 천지신명님께 소원성취를 빌었다. 마음속으로 간절히 기원하는 것으로 일출행사를 마치고 가로공원으로 아침 산책을 나갔다. 이런저런 얘기를 하면서 걷다가 돌아와 식사 준비를 하였다. 어제 횟감 살 때는 매운탕에 쌀밥이 아침 메뉴였으나 쌀 준비를 못한 탓에 엊저녁 식단으로 준비하였다가 회로 배를 채운 탓에 먹지 못한 라면과 커피 한 잔으로 아침 끼니를 때우고 말았다. 아침 식탁에서의 안건은 오우회장 선거였다. 만장일치로 연상인 박시인을 선출하였다. 박시인은 특유의 수줍은 표정과 잔잔한 말투로 사양을 거듭하면서 김태호 소설가에게 미루다 어림없음을 알고 수락하고 만다. 그리고 오우회의 가을 문학기행 행사까지도 떠맡고 말았다.

최화백은 설거지를, 나머지 사람들은 청소 정돈을 마치고 동해콘도를 출발, 귀경길에 올랐다. 나는 잠시 차창을 통하여 산과 바다에 눈길을 주다가 초록물감을 뒤집어 쓴 산줄기 사이로 들어설 무렵 김태호 선배의 자전적 소설에 나온 첫사랑에 관하여 질문을 한다.

"세상에 서로가 가슴 터지도록 사랑하면서도 고백 한 번 못하고 사관학교에 입학하다니요."

"사관생도 시절에는 연애도 결혼도 못한다는 것을 몰랐습니까?"

"견디다 못해 퇴교하고 돌아왔으면 결판을 내야지, 어머니를 시켜 결혼을 신청하다니요"

"수녀가 되기로 했다는 통고를 받고나서의 행동은 무엇입니까?"

"보쌈을 해서라도 결혼을 했어야 옳지 않았던가요."

나의 소나기 질문 사이사이에 도반들은 "암!" "그렇지" 나의 질문에 동의하다가다 "아니야! 그럴 수도 있지" 어깃장을 놓다가 "아무렴 그렇지" 또다시 긍정을 하는 등 추임새를 잘 맞춘다. 그러나 장본인은 엷은 미소로 응답할 뿐 말이 없다.

평생 전업작가로 가난하게 살면서도 비굴해 보이거나 구차하게 살지 않는 그는 '전적지 탐사' 등 실제생활이나 '첫사랑 이야기' 등 작품세계에서 보이는 정신생활에서도 순수하고 정직하게 사는 분이다. 그래서 나는 이 시대의 군자요 선비라고 믿어 의심치 않는다.

우리를 태운 차는 미시령을 넘어 박수근미술관을 들렀다. 최화백의 작품 설명을 들으며 관람하다보니 문외한인 내 안목도 약간은 트이는 듯했다. 다시 소양호를 굽이굽이 싸안고 돌다가 한적한 마을 입구에 있는 음식점에 들러 엄나무 토종닭 백숙으로 한껏 배를 채웠다. 아침에 라면으로 간에 기별을 한 터라 목구멍이 커진 것 같다. 식당주인 아줌마의 손님 대하는 말과 행동이 활달하면서도 밉지 않아 구미를 더욱 당긴 것인지도 모르겠다.

이제 춘천 근교를 지나 의암호를 건너 가평, 청평가도에 들어섰다. 북한강 건너편의 집들이 그림같이 아름다웠다. 무더운 날씨지만 창문을 열고 맑은 공기를 맞는 것이 에어컨 바람보다 좋았다.

어느덧 출발점에 돌아와 과묵·정직한 성품에 전직 관료인 김종남 시인, 최찬우 화백과는 헤어지고 김태호, 박영만 두 선배와 나는 2호선 전동차에 올랐다. 마침 경로석이 비어있어 박선배에게 자리를 권하였으나 '과공은 비례'인 것도 모르는지 끝내 사양한다. 하는 수 없이 김선배가 앉을 수밖에-. 나는 문 앞에 홀로 서 있는 박선배에게 다가가 귀엣말로 '왜 앉지 않습니까?' 하니 '몸에 땀내가 나서' 한다. 나는 코를 등에 대고 맡아 보았으나 냄새는 나지 않았다. 박 선배의 반듯하고 깔끔한 성품이 엿보이는 모습이다. 과시 선비로세.

전적지를 찾지는 못하여 유감이었지만, 답사단 다섯 사람은 1박 2일을 함께하면서 오며 가며 앉고 서고 자고 깨면서, 허물없이 가슴을 열어젖혔다. 웃고 웃다가는 말하며 밀면 물러서고 늘어지면 당겨주고 내려가면 올려주고 팽팽하면 늦춰주는 것이 최상의 연출가요 연기자임에 틀림없었다. 이런 벗들과의 여행은 천당놀이로, 서로의 사이를 지기 지음으로 만들어 놓았다. 나는 이번 여행에서 평소 알았던 친구가 백아와 종자기임을 발견한 셈이다. 사건이다. 대사건! 오우회 앞날이 맑고 밝기만 하다.

(05. 8. 『문예사조』)

반창회

어느 날의 일이다. 딸아이는 내게 반창회를 하는 날이어서 좀 늦게 집에 올 것 같으니 허락을 해달라는 것이다. 나는 그때 즉각 오케이 하고 대답했다. 그리고 도대체 그 반창회가 뭐냐고 물었다.

딸아이는 이때 내가 그 말을 정말 몰라서 묻는 건지 아니면 모르는 체하는 건지 분간이 안 가는 표정으로 말했다.

"학교 때 같은 반이었던 친구들이 만나는 모임이에요. 아버지도 아시지 않아요. 요즈음은 인원이 많아서 총동문회나 기별동창회는 별 인기가 없어요."

나는 사람들이 흔히 이야기하는 쉰세대다. 나이든 세대라고 해서 반창회가 없는 것은 아니다.

어릴 때 내가 다닌 시골 초등학교는 한 학년이 겨우 2학급에

120명 정도였다. 그리고 6년 내내 서로 나란히 붙어 있는 교실에서 공부하고 쉬는 시간에는 한 운동장에서 자주 같이 어울리는 바람에 같은 학년 학생들은 누구나 서로 잘 알고 있다. 그 때문에 나의 초등학교 동창들은 굳이 지금의 반창회식으로 나누어 모일 필요를 느끼지 않는다.

그런데 고등학교는 다르다. 고등학교 동창들은 3년 동안 건축 전공한 반창들이 모인다. 중학교 동창들도 1학년 때 6·25전쟁이 나고, 수복 후 2년 만에 허겁지겁 졸업한 친구들이기 때문에 같은 해 졸업한 8개 반창들 중 서로 가까웠던 친구들끼리만 만나는 경향이 있다.

그러나 반창회라고 부르지 않고 항상 동창회라고 부른다. 왠지 반창회라 부르면 서로 뜻은 맞는데 너무 깍쟁이 같은 느낌이 들고, 동창회 하면 다소 느슨하고 명확하진 않지만 수더분하고 훈훈한 느낌이 든다.

초등학교 졸업 후 이 학교 저 학교로 흩어지지만, 상급학교에서 다시 만나 반창 또는 동창이 되기도 한다. 잘하면 초등학교에서 고등학교까지 동창이 되는 수도 있다. 어떤 때는 대학까지도 같이 나올 수 있으니 이런 경우는 참으로 각별한 동창이 된다.

학교를 마치고 각 분야로, 여러 계층으로 흩어져 힘든 사회생활을 하다가 어느 날 '오늘은 동창회하는 날이야' 한다든가, '이 사람은 무슨 학교 졸업한 동기 동창인데…' 하면서 소개할 때

우리는 그 사람을 부담 없이 받아들이게 되고, 또 말하는 사람이나 듣는 사람 모두에게 친근감을 준다. 동창회 하는 날은 하루의 피로를 씻어주는 신선한 청량제일 수도 있다.

그러나 그 농도는 각급 학교에 따라 차이가 있다. 초등학교 반창회 날은 고향동네 가는 것 같이 편안하고 따뜻한 느낌이 든다. 어릴 때 친하던 아이가 나를 기다리는 것 같고, 꼭 가지 않으면 안 되는 것 같은 그런 곳. 가보면 아마도 좋은 일이 있을 것 같은 예감이 엉기는 그런 모임이다.

왜냐하면 모이는 사람들이 한동네 이웃사촌이고 멀어봐야 10킬로미터 이내에 있는 마을에서 태어나 자랐기에 서로 안면이 있는 처지로 따져보면 사돈의 8촌까지 연결되어 있어서 그 집안의 뿌리까지 잘 아는 사이이기 때문이다. 심지어는 아버지 세대까지도 같은 동기 동창이 된 경우도 있다.

그러나 주민 이동이 심한 산업사회에 들어서면서 부모 따라 여러 지방의 여러 학교로 전학을 다녔던 요즘 신세대는 얽히고 설킨 인연이 없어 우리네들 반창회와 같은 진한 감동과 끈끈한 정은 아마도 없지 않을까 싶다.

중학교 반창회는 동족상잔이라는 6·25전쟁 속에 이리 쫓기고 저리 밀리면서 불타버린 교정을 정리하고, 노천에서 비바람 맞으면서 공부한 당시의 아이들이 모인다. 그들은 먹고 입는 문제가 해결되지 않아 고생을 많이 한 사람들이기 때문에 질기고 고집은 세지만 인정도 있고 너그러운 사람들이다. 중학시절 추억이 다양하지 못한 사람들인지라 한편으로 불쌍한 세대들이기도 하다.

고등학교 반창들은 전쟁도 끝나고, 전후 복구계획에 따라 정비와 건설이 한창인 때 만나 각자의 전공에 따라서 3년을 한반에서 같이 공부를 할 수 있었다. 또 사회가 어느 정도 안정되어 학교 수업도 틀에 짜인 교과과정대로 진행되었으며 각자의 취미에 따라 문예, 창작, 음악, 웅변, 운동 등 각종 취미생활과 특별활동을 열심히 할 수 있었다. 당시 우리는 서로 부딪치고 싸우면서 깊이 사귀게 되고, 또 사춘기 고민을 감추면서도 한편으로는 털어놓고 상의하기도 하였다.

졸업할 때쯤은 제법 많은 추억과 앞날의 희망을 갖고 교문을 나올 수 있었기에 우리는 지금도 만나면 서로 반가워 스스럼없이 어울릴 수 있다.

나는 대학을 졸업했으면서도 대학 반창회는 없다. 물론 총동문회는 있다. 나만이 아니라 다른 사람들로부터 대학 반창회에 나간다는 말은 들어본 일이 없다. 희한한 일이다. 누군가 그 이유를 밝혀주었으면 좋겠다는 생각이 든다.

각급 학교별로 반창회의 성격과 형태는 다르지만, 그것은 우리들이 성장하는 한 과정의 상징이기도 하다. 반창들 각자의 내면을 살펴보면, 일관성, 연속성이 있는 하나의 반창회로 묶여 있을 것이다. 초등학교생활은 중학교생활의 기초가 되고, 중학교 생활은 고등학교생활의 기반이 되며, 대학생활은 초·중·고등 학교 생활의 연장선상에 있기에, 여러 단계의 반창생활을 통하여 한 인간이 형성되었기 때문이다.

나는 동창회나 반창회를 좋아한다. 그 속에는 세월의 맛이 있다. 서로를 확인하면서 추억을 더듬고 앞날을 생각하게 한다. 그리고 고향같이 포근하고 따뜻한 정을 그 속에서 느낄 수가 있다. 같은 시대의 아픔과 갈등을 겪으며 서로 이해하고, 경쟁과 협조 속에 살아온 사람들의 경륜이 있다. 또 그 안에는 인간의 향기가 있고, 서로 마음을 주고받으면서 살아가는 정(情)이 있다. 또한 5월의 훈풍과도 같은 부드러움이 있으며 오랜 세월 거친 파도를 넘어온 지혜가 있다.

"아! 오늘이 부강초등학교 제31회 동창회 날이지! 하마터면…."

내 발걸음이 한없이 가볍고 총총해진다.

(97. 8.『수필문학』)

사위가 뭐길래

요사이 우리 집 형편이 달라졌다. 대학에 다니는 아들은 상급학년이 되니까 공부시간이 모자라서 통학시간(왕복 3시간 이상)을 벌어야겠다고 사정하기에 무리를 하면서도 학교 앞에 방을 얻어주어 2년째 별거하고 있고, 미수를 넘어선 노모님과 우리 내외, 그리고 금년 졸업반인 막내딸과 같이 단출하게 살고 있다.

그런데 어느 날인가 출가한 둘째딸이 친정집에 오니 사위도 따라와 함께 사는 대가족이 되었다. 적적하던 차에 사는 맛은 나는데, 생활리듬이 깨지고 말았다. 맞벌이하는 딸 내외는 아침 일찍 출근하기 때문에 다른 식구들도 덩달아 일찍 일어나게 되고 부지런해지기 시작하였다. 늦잠이 취미인 막내딸도 여지없이 일찍 일어나지 않으면 안 되게 되어 앓던 이 빠진 것보다도 더 시원하다. 교직과목을 이수한 막내딸은 순위고사 때문에 늦게까지 공부하다가 아침 늦게 일어나는 것이 상례였으나 그 리듬이 깨져 몹시 못마땅한 눈치다. 그러나 내 생각은 다르다. 늘 하는 말이 늦게 자고 늦게 일어나면 무슨 소용 있는가, 늦게 자고 일찍 일어나던가, 일찍 자고 일찍 일어나야 한다고 채근을 하나 이것이 잘 먹혀들지 않다가 이번 기회에 바뀌지게 되었다. 물론 공부가 잘될 때 집중적으로 하는 게 낫다는 딸애의 논리가 맞지 않는 것은 아니다. 마누라도 출근하는 딸 내외 아침밥을 먹여 보낼라치면 자연 일찍 일어나야 하고 노모님과 나는 새벽잠이 없으니 별 부담은 없다.

처음 딸애가 친정집에 와서 2~3일간 다닐 때는 가까이 살고 있으니까 평소 밥해먹기 싫으면 와서 밥 한 끼 먹고는 놀다가 가는 것이 상례였기 때문에 그러려니 하다가 4~5일이 지나고 저희 내외가 잠까지 자고 출근하니 느낌이 이상하여 마누라에게 속내를 알아보았다. 애를 가져 입덧을 하는 바람에 늘 아침밥을 거르고 출근하다보니 몸도 부실해지고 사위도 제때 얻어먹지 못하니 보기에 딱하여 집으로 불러들였다는 것이다.

가만히 생각하니 나만 모르고 있었지 삼 모녀와 사위는 이미 내통하고 있었다. 내심 서운한 생각이 들었으나 기다리던 차 손자가 생긴다니 서운한 생각이 가시고 한편은 반갑기까지 하다. 첫째 딸은 시집가서 아들, 딸 하나씩 낳았는데 모두 잘 자라고 있고, 드디어 나에게는 세 번째 손자가 세상에 나올 날만 기다리고 있는 셈이다.

딸 가진 어버이는 기를 때도 걱정 출가 후에도 이것저것 걱정이 떠나지 않는 것이다. 이제 한 가지 걱정은 덜은 셈이 되었다.

사위는 교직에 있으면서 박사과정을 마치고 계속해서 밤늦게까지 대학 연구실에 나가 연구에 몰두하다가 마감뉴스 시간에나 들어온다. 딸애는 퇴근하고는 제 남편 오기를 눈이 빠지게 기다리는 생활을 출가 후 지금까지 3년이 되었다. 그래도 불평은커녕 박사가 무엇인지 잘도 참고 지낸다. 요사이는 퇴근 시에 과일이며 먹을 것을 사가지고 들어오는 것을 잊지 않는다. 퇴근할 때쯤이면 저의 어머니에게 전화를 걸어 무엇을 사가지고 올까를 상의한다. 나는 어느 날 "애야! 너 누구 먹으라고 매일 사 가지고 오느냐? 너의 남편이냐 아니면 이 아비냐?" 했더니 막내딸이 넙죽 받아 가로채서 하는 말이 "아버지는… 우리 식구 모두 먹는데 누구는 누구에요?" 한다. 생각해보니 맞는 말이다.

저녁 먹고 TV 앞에 모여 앉아 시청하면서 오고가는 말들이 즐겁기만 하다. 그러나 채널 선택권을 확보한 나에게 가끔 도전하는 일이 있었으나 별탈이 없었다. 그러나 지금은 사정이 다르다. 나는 뉴스 위주로, 십대의 광란 비슷한 프로는 막내딸이, 드라마는 마누라가, 스포츠는 사위, 명화는 딸들과 사위가 서로 보려고 한다. 다른 사람들은 감히 끝까지 도전하지 못하는데 사위는 그렇지가 않다. 장인어른! 스포츠를 잠깐 보면 안 될까요?

하면서 정면으로 도전한다. 아뿔싸! 이럴 때는 어떻게 하지? 순간 안돼! 하는 소리가 입 밖으로 터져 나오는 것을 꿀꺽 삼키면서 응, 그래! 그러지 뭐! 하면서 채널을 바꾸고 만다. 그때 다른 식구들은 '쌤통'이라는 눈치로 회심의 미소를 나에게 던지는 것이 아닌가! 그놈의 사위가 뭐기에, 내 자존심을 이다지도 뭉개버리는가! 그러나 어찌하랴, 참는 자에 복이 있나니, 하여튼 스포츠는 또 그대로 묘미가 있음을 발견하는 수밖에….

그뿐이 아니다. 자존심이 상하는 것은 또 있다. 아침 식탁에서의 일이다. 마누라는 평생 동지인 나의 입맛보다 사위입맛을 맞추는데 열성이다. 이것저것 반찬을 권하면서 맛이 어떠냐고 확인까지 한다. 아니 아양에 가깝다. 아무리 사위사랑은 장모라지만 사위가 뭐길래! 샘이 날 지경이다. 그러나 생각을 바꿀 수밖에, 덕분에 평생 얻어먹지 못하는 반찬 호강을 하고 있구나 하는 생각으로 말이다.

한편 딸애의 입덧이 더 오래가기를 속으로 바란다. 그래야만 한집에 살고 나도 잘 얻어먹을 수 있지 않겠는가? 그리고 또 있다. 아침 신문을 펼쳐 들고 막 1면을 보고 2~3면을 넘기는데, "장인어른 신문 다 보셨으면…." 하고 다가온다. "그래, 다 봤어." 하면서 건네준다. 그러나 뒷맛은 개운치 않다. 다음날에는 30분 일찍 일어나 추위에 떨면서도 대문에 꽂아 놓은 신문을 가져다 보는데 이층에서 내려오는 것을 보고 아예 "신문 여기 있네." 하면서 건네주었다. 어제 아침에 미안한 생각이 들었는지 기상 시간을 당긴 것이 그만 나와 마주친 것 같다.

연구실에서 일을 마치고 집에 오는 시간이 마감뉴스 시간이라는 것은 앞서 말한 바 있다. 그것이 하루 이틀이 아니고 매일 계속 되다보니 졸음을 꾹꾹 참고 그 시간까지 기다려야 한다. 집안 식구들이 들어오지 않고 있는데 가족 모두가 불 끄고 잘 수는 없는 노릇이다. 제 아내는 일찌감치 자리에 누워있고 싫으나 좋으나 우리 내외가 기다렸다 문 열어주고 밤참 챙겨주어야 한다. 3년간이나 독수공방 기다려준 딸애가 대견하다는 생각에 고달픔도 잊고 있다. 사위는 가끔은 미안한 생각을 하는지 딸애보고 눈치를 주는 모양이다. 그러니 어쩌겠는가! 우리 내외가 사위눈치를 보면서 편하게 해줘야지.

이번에는 딸애가 의외의 제안을 한다. 방도 큰 게 있으니 아주 친정집으로 이사 와서 살면 어떠냐는 것이다. 제 동생이 장가갈 때까지만 같이 살게 해달라는 것이다. '친정살이', '처가살이'의 개념이 옛날 같지 않다는 것이다. 같이 살아서 얻는 이로운 점을 여러 가지로 설명한다. 그러나 일언지하에 거절했다. 시집가고, 장가들어 제금 나서 부모와 독립해서 사는 이치를 설명하고 집사람의 의견을 들으니 입덧 그칠 때까지만 아무 소리 말고 같이 살자고 하면서 너의 살림을 어느 곳에 갖다 놓겠느냐면서 그렇게 하면 심란해서 내가 못산다고 한다. 역시 딸들은 시집살이를 하든, 않든 친정만큼은 편하지 못한 것 같다. 하기야 끼니때마다 밥하는 걱정, 독수공방 제 남편 기다리는 지루함이 일시에 해결되고, 출근길에는 환갑이 넘어 운전면허를 딴 친정어미가 자가용에 태워 전철역까지 데려다주니 이 아니 좋은가. 우리 집에 온 지 한 달이 지난 지금은 눈에 띄게 건강해 보인다.

일 하나 해결하면 또 일이 생기는가. 이번에는 느닷없이 내 자가용을 사주겠다는 것이다. 약혼 시에 내 것과 같은 소나타 2.0을 가지고 있다 하기에 당장에 Tico로 바꾸지 않으면 결혼을 허가하지 않겠다고 하니 즉시 팔아버리고 중고 Tico를 사서 결혼한 지 3년이 되는 지금까지 타고 다니는 제 남편 차는 바꾸지 않고 내 차를 바꾼다니… 이해를 할 수 없다.

이유는 이렇다. KIA Credos 2.0은 29% 할인 판매하고, 잔고장이 없이 튼튼하며 내차가 90년도 산이라 바꿀 때가 되었다는 것이다. 그리고 결혼 시 주택자금에 보태라고 축의금을 준데 대하여 사위가 감격하였고 지금까지 부담으로 남아있어 그간 딸애도 모르게 저축한 연구비(2년치)로 사준다니 사위 부담을 덜어주는 것이 좋겠다는 것이다. 팸플릿을 가지고 와 색깔만 고르면 즉시 사온다며 일주일이 넘게 조른다. 둘째 딸애는 끈질기게 아양 읍소 작전을 겸해서 대시해온다. 아내도 홀딱 넘어가서 정성이 놀라우니 차를 바꾸라고 한다. 심지어 제 남동생, 여동생까지 동조세력으로 포섭하여 공세를 취한다. 그러나 나는 기쁘고 대견하지만 그게 아니다. 그래서 그랜저 3천을 사주거나, 너희 사남매가 공동 출자하여 사준다면 좋다고 했다. 마누라와는 내밀하게 '저희 동기간의 정에 금이 가지 않도록, 화목하게 살도록 하기 위하여' 거절하기로 약속한 터이다.

딸아! 사위야! 참으로 고맙다. 더 이상 마음 쓰지 말고 지혜롭고 튼튼한 아들이나 낳아주기 바란다.

참으로 '딸이 뭐길래', '사위가 뭐길래' 하여튼 먼 훗날 이 아비, 이 장인의 참뜻을 이해할 날이 있을 것이라 믿는다.

(2000. 1.『수필문학』)

세상 살맛나게 하는 친구

나에게 한 친구가 있다. 나하고는 같은 것보다 다른 점이 더 많은 사람이다. 그는 평생 교육과 행정에 몸을 바쳤으며, 고향이 경기화성이고 나는 충북 청원이다. 또 신앙은 여호와의 아들과 부처의 제자로 갈리고, 관상을 보면 그는 키가 크고 얼굴이 긴 호남형인데 나는 그보다 키가 약간 작고 얼굴은 둥글다든가 기타 등등이다.

같은 점은 나이가 비슷하여 민족수난기 죽도 실컷 먹지 못하는 농촌에 태어나서 민족해방, 분단, 민국수립, 민족상잔, 4·19, 5·16 등 격동기를 지나 산업사회와 민주항쟁기를 거치면서 근면, 검소, 절약으로 가정을 일으켜 세우고 고도성장의 주춧돌이 되어 늘그막에 밥걱정하지 않는 역전의 용사 기질을 공유했다는 점이라고나 할까? 하여튼 그 정도다.

그런 친구에게 자꾸만 끌리는 것은 어쩐 일인가? 그와 만난 것은 내가 작품 활동을 시작한 때이니 10년 세월이 훌쩍 지났다. 그간 문학 단체의 각종 행사나 동아리 활동을 하면서 1년에 5~6회 만날 때마다 내가 그의 옆자리에 앉는다든가, 한 방에서 잠을 잔다는 정도이지 자주 만나서 술·밥을 함께 하든가 노래방에 가는 사이도 아닌데, 웬일인지 이심전심으로 행사 때마다 제일 먼저 서로를 찾는다. 가끔은 참석 여부도 사전에 서로 짜맞춘다. 이를 두고 금란지교(金蘭之交)라고 하는지는 잘 모르겠다.

하여튼 내가 그를 좋아하는 점은 '이 땅에 시온의 영광을 실천한 사람, 선지자(先知者)의 꿈을 만민(萬民)에게 나누어준 분'이기 때문이다. 그는 가난으로, 부모 등 보호자를 잃은 슬픔으로, 마음의 병으로, 불구의 몸으로 슬퍼하거나 펑펑 울어보지도 못하고 좌절, 포기, 방황하는 어린이와 청소년, 장노년 등을 나이와 성별을 가리지 않고 불러 모아 50년 가까이 보듬고 가르쳐온 참 교육자이자 봉사자, 구원자이다. 그렇다고 널찍한 운동장에 반듯한 교실을 갖춘 환경에서의 출발이 아니라 6·25동란 직후 폐허에서 겨우 일어설 무렵인 60년대 후반 달동네 방 한 칸 마련하여 야학당을 개설하여 불과 학생 5~6명으로 시작하였는데 '결과는 창대하리라'는 말씀이 적중하여 서울, 안양에 정규 중·고등학교를 세워 현재까지 배출한 졸업생이 8만 명이 넘는다.

적수공권(赤手空拳)으로 반백년 가까이 교육사업에 바친 정성과 노력이 그 얼마며 그 속에 가려진 좌절과 고통, 시련과 극복의 아픔은 어떠하였겠는가를! 나는 그를 볼 때마다 얼굴 가득 고생 주름이 자글자글 거리는 사이사이에 포근한 사랑을, 빛나는 영광을 본다. 그래서 나는 마음속으로 기원한다. '그대의 제자 8만 명 가운데 적어도 8백 명은 제2의 그대가 되어 이 땅에 복지낙원을 건설하리라.'라고….

오늘은 내가 참으로 좋아하는 그 친구로부터 졸업식에 초청을 받은 날이다. 그나 나나 이제 '고희령(古稀嶺) 엘리지'를 부르는 나이라 서로를 확인하고 격려하기를 좋아한다. 식장에 참석한다는 생각에 가슴이 뛴다. 날씨가 풀려 외투를 입지 않고 모처럼 정장 차림을 마친 후 7호선 이수역까지의 이동시간 계획을 머릿속에 짜면서 30분 여유를 가지고 집을 나섰다. 양천구청역에서 2호선을 타고 신도림역과 대림역에서 환승하여 이수역에 내리니 14번 출구까지의 이동거리가 너무 길다. 이때부터 조바심이 생겨 출구를 나오면서 걸음이 빨라진다. 100m전방이라고 하여 가보니 다른 학교 안내판만 나타난다. 행인에게 물어보니 온 길을 되돌아가 우측 시장 골목길로 가란다. 시간을 보니 25분 전이다. 발바닥에 불이 난다. 꼬불꼬불 오르막길을 다 올라 정문에 들어선다. 안내양이 주는 차 한 잔을 덥석 받아들고 땀을 식히면서 시간을 보니 5분전이다. 나를 본 친구는 교장실로 안내하여 VIP손님들께 인사 소개를 한다. 나는 '○○○입니다.'라고 내 이름을 크게 외치며 꾸벅 절하는 걸로 시간을 절약하고 의자에 앉으니 땀이 솟는다. 나는 슬그머니 나와서 식장 VIP석 뒷자리에 앉으니 신영옥 회장이 옆에 앉는다.

이어서 식순에 따라 졸업식은 시작된다. 나는 졸업생들의 얼굴을 본다. 앞서 언급한 대로 17살 중학졸업생부터 언니, 오빠, 어머니, 아버지, 할머니, 할아버지 등 연령 차이가 많고 제복차림에서 한복, 양복, 양장 등 복장도 다르고, 얼굴표정, 머리모양도 다양하다. 때를 놓친 사람들이 한 학년, 한 교실에서 이질(異質)을 동질(同質)로 승화시키고 서로를 격려하면서 형설(螢雪)의 공을 쌓아 이제 중22회 138명, 고26회 305명이 졸업장을 받는 순간이다. 더욱이 졸업생 443명 중 절반인 222명에게 상장을 손에 쥐어 주는 교장의 살뜰한 정이 넘친다. 이는 내 친구 교장 선생이 어려운 환경에서도 야학당을 운영하면서 정규 중·고등학교로 개편, 성장시키는 가운데 수많은 고난을 극복하면서 키워온 내공(內空)이 얼마나 튼실한지를 보여준 것이다. 다시 말하자면 구청장, 구의회의장, 시의원, 국회의원, 광복회장 등 내외 귀빈·유지들과의 유대를 진하게 한 결과 이들이 상장과 상품을 보내 졸업생들을 격려한 것이니 내 친구의 덕화(德化)가 얼마나 넓고 깊은지를, 인품이 얼마나 훌륭한지를 알 수 있는 사례다.

송사(送辭)에 이은 졸업생인 중년여인의 답사 가운데, 67개의 계단을 매일 오르내렸다는 말을 듣는 순간 여러 가지 감회가 스쳐간다. 송가·교가제창을 부르면서 야외 운동장에서의 알뜰하고 정겹고 보람이 넘치는 졸업식은 끝났다.

이쯤 되니 독자들은 '그 잘난 친구, 그 훌륭하다는 벗이 도대체 누구냐!'고 아우성치는 소리가 들리는 듯하다. 그러지 않아도 속 시원하게 밝힐 참이었다. 그 사람은 바로 설야(雪野) 최중제(崔重在) 신동신중 정보산업고등학교 교장 겸 안양상업고등학교 이사로 이들 학교를 창립한 분이다. 안양상고도 금년 제28회 졸업생을 포함 4천여 명을 배출했단다. 최 교장의 아호 설야(雪野)는 눈 덮인 광야에서 고군분투(孤軍奮鬪)한 자신의 생애(生涯)를 함축한 것이라고 하니 처지가 비슷한 나에게는 공감이 가는 바 크다.

세상은 이런 사람이 있어 살맛난다.

괜스레 나도 최중제 교장 덕화로 우쭐해지는 느낌이다. 행복한 이 느낌이 지워지기 전에 조용히 붓을 놓으면서도 혹여 이 팬레터가 설야의 인품에 흠이 되었다면 "설야 만세! 만만세!"로 지운다.

(07. 3. 『순수문학』)

2.

세상을 그리자

배내옷 이야기

6개월 전부터 내자는 출가한 둘째 출산준비에 분주했다. 왕산만한 배를 감당하기 위하여 뒤뚱거리는 딸애와 같이 갓난애 옷가지며 기저귀 등을 한 보따리씩 두어 차례 마련하는 사이에 첫딸을 순산하였다. 나는 그 무렵 상갓집에 다녀온 탓에 내자의 엄명에 따라 삼칠일이 지난 후에 외손녀하고 상봉을 했다.

제 어미 닮아 그리 밉상은 아닌데, 입은 옷이 아무리 살펴보아도 옛날 배내옷은 아니었다. 소재는 화려하고 부드러워 고급스러웠으나 제식은 어른 옷과 큰 차이가 없어 신식 엄마들이 세속적 편리함에 너무나 익숙해졌음을 발견하였다.

옛날 어머니들이 자식에 대한 소원을 담아 손수 한 땀 한 땀 정성을 기울여 배내옷을 꿰매던 아름답고 평화스런 모습은 세월 속으로 숨어 버린 것 같다. 나는 배내옷에 얽힌 진한 추억을 가슴에 안고 살아오고 있다. 나의 어머님께서 38년 전 배내옷을 구해서 나의 내복 상의에 덧붙여 꿰맨 후 고등고시 보러 가는 나에게 입고 가도록 하신 일이 있다. 나는 그 당시 영문도 모르고 단지 보기에 흉하다는 이유 하나만으로 거절하였다. 난감해하시는 어머님께서는 사연은 묻지 말고 입고 가도록 간곡히 타이르시므로 내키지는 않았지만 입고 가 시험을 치르고 왔다. 그러나 그 시험은 낙방을 하였다. 지금 생각하면 철이 없어 어머님의 깊은 뜻을 헤아리지 못한 업보인 것 같다. 그리고 다음해도, 그 다음해도 그 배내옷을 지니고 시험을 보았으나 역시 불합격하여 판검사가 되지 못한 불효를 저질렀고 후회는 지금까지 남아있다.

나는 지난여름 장맛비 내리는 날 어머님께 사죄하는 뜻에서 그 사연을 여쭈어 보았다. 금년 95세이신 어머님은 아직도 눈귀 밝으시고 총명이 흐려지지 않아 나의 질문에 또박또박 배내옷에 얽힌 사연을 이야기하신다.

배내옷은 여인내의 염원과 정성이 담겨진 복스런 옷이기 때문에 옛날부터 과거시험 보러 가는 사람이 지니고 가면 합격한다는 말이 있어 네가 시험 볼 때마다 문균이 맏아들이 입던 옷을 그 손부가 스스럼없이 빌려주어 지니고 가게 하였다는 것이다. 문균이는 일가 사람으로 나와는 초등학교 동기 동창이다. 고등학교 졸업 후 곧장 장가를 가서 아들을 낳은 후 군대에 갔다.

내가 항렬이 높아 아저씨가 된다. 지금 그 배내옷 임자는 장가를 가서 남매를 낳았으니 세월이 화살같이 흘러간 셈이다. 문균 부자가 그때 그 사연을 아는지 모르지만 아직도 미안한 생각을 지울 수 없다.

같이 듣고 있던 내자는 내킨 김에 배내옷에 관하여 알고 싶었던지 소재며 제작방법 등 이것저것 여쭈어 본다. 어머님은 지루한 장마철 오후라 무료하던 차 자식과 며느리를 앉혀놓고 옛날 이야기 삼아 말씀하셨다.

배내옷은 갓난애의 약한 피부에 알맞게 부드러운 융이나 가제가 좋고 보온, 위생, 혈액순환에 유의하여야 한다. 또한 입히고 벗기기에 간편하고, 활동이 자유롭도록 크기가 넉넉해야 한다. 제작할 때는 재봉틀 대신 반드시 바느질(정성과 염원을 담기 위하여)로 해야 한다. 봉제 솔기는 적게 하며 솔기가 있으면 겉으로(베기지 않게) 내어 입히되 단추를 달지 않고 흰 실로 일곱 겹 끈을(장수하도록) 만들어 가슴을 둘러매야 한다. 천은 첫 대목(나쁜 기운이 서려있다고 하여)은 쓰지 말아야 하고 산모가 미리 만들어 놓거나 여의치 않으면 복 많은 노인(세상에 나와 처음 입는 옷을 박복한 노인에게 맡길 수는 없으므로)에게 부탁하여 만든다는 것이다.

이와 같이 배내옷은 세상에 태어나서 3일 만에 처음 입는 옷으로 축복・염원・정성이 담긴 옷이기 때문에 이름도 배냇저고리, 깃저고리, 쌀 저고리, 싸포대기 등 다양하다. 이 옷을 지니면 딸 많은 집에는 아들 낳고 과거시험 보는 사람은 급제한다는 속설까지 생겨난 것이다.

나는 나의 내자에게 우리 아이들의 배내옷을 만들어 입혔는지 알아보니, 24세 막내딸만 사 입히고 위로 세 아이들은 손수 만들어 입혔는데, 어머님 말씀과 같은 사양에는 충실히 따르지 못했다는 것이다. 외손자가 셋이나 태어났는데 이 애들의 배내옷은 어떻게 하였느냐는 물음에는 짜증을 낸다. 공직을 핑계로 평생 외지로 돌아다니면서 아이들을 어떻게 키웠는지 알기나 하는가라는 항의성 짜증인 것 같다.

나는 얼른 말머리를 돌려 "할머니가 되어 손자에게 떳떳하려면 친손자 배내옷은 미리 마련하야 되지 않을까요?" 하니, "그때 가봐야지요." 한다. 옳은 말이다. 아직 장가를 보내지 않았으니 말이다. 마침 그때 태어난 지 한 달 보름 만에 외손녀가 첫 외갓집 나들이를 왔다. 그런데 짐 보따리가 한 짐이나 된다. 심지어 이동식 욕조까지 들고 왔다. 눈이 화등잔만 해지는 나의 표정을 보고 "금년 추석에는 이 아이 때문에 시댁에 가지 않기로 했어요." 나는 "알았다." 딸애의 입을 막는 사이에 내자는 외손녀를 받아 안고 어르며 하는 말이 "추석이 일주일밖에 남지 않아서 연휴 때까지 집에 와 있으라고 했어요. 며칠 있으면 큰딸 내외와 외손자들이 오면 동기간에 같이 놀도록 하면 좋지 않아요."

한다. 명절 연휴 동안 친정집을 놀이터로 뒤집어 놓을 모양이다. 세 집 식구 12명의 놀이터로는 사실 비좁은 편이다. 더군다나 한참 까불 나이의 큰딸네 손자놈들에다가 조용히 자리를 차지하고 있을 갓난애가 더 늘었으니 말이다. 앞으로 아들 장가보내고 막내딸 출가하면 명절놀이 패 3대가 20여 명이 될 판이다. 그 중 배내옷을 입어보지 못한 패들이 절반은 넘을 것이다. 이들은 닭장 같은 아파트에서 24시간 갇혀 자란 세대들이라 영악하고 똑똑한 것 같은데, 더불어 사는 덕목인 너그럽고 원만하며 활달한 기상이 모자라서 균형 있는 인격형성에 문제가 있을 것 같다. 이를 보완해 주기 위하여 명절 놀이터를 넓히는 대책을 강구해야할 필요가 있다는 생각이 든다.

그러나 내 나이 이순에 큰 저택을 장만한다는 것이 어디 쉬운 일인가? 하기야 내버려둔 고향집을 수리하여 살면 될 것도 같다. 그 집엔 안방·윗방·사랑방·건넌방·대청마루·툇마루가 있고 뛰어놀 수 있는 안마당·바깥마당이 100여 평이 넘으니까 20여 명은 부담 없이 지낼 수 있는 공간이 있다. 그리고 나와 내자(內子)가 손자를 따라서 이리 쫓아다니면서 호호, 하하, 저리 쫓아다니면서 껄껄, 낄낄 웃다가 즐거움에 지치면 뒤꼍 툇마루에 숨든가, 오솔길로 잠시 사라졌다가 다시 나타날 수 있어 좋다. 그리고 고향집은 증조할머님·할머님·어머님께서 할아버지 형제자매들·아버님 형제분들과 고모님 그리고 나와 누님·동생들의 배내옷을 만들기 위하여 희미한 등잔불 아래서 한 땀 한 땀 정성과 염원을 담아가면서 바느질하시던 평화롭고 행복한 모습이 금방 묻어나올 것 같아서 정겹다.

그러나 이 일이 성공하려면 내자의 전폭적인 지지가 필요하다. 손자들 배내옷 지을 생각을 하는 것을 보면 나의 낙향에 동행할 것 같은 예감인데 과연 그날은 언제 올까?

아마도 그날은 나의 '수구초심'과 아내의 '배내옷 만들려는 마음'이 하나가 되는 날이 될 것 같다.

(99.『양천문단』)

교정의 향기 꽃보다 아름다운 이유

희수를 바라보는 나에게 일이 터졌습니다. 88~90년 사이 의 정부교도소장 재임 시에 있었던 일이 05. 3. 19일에 터졌으니 보통 일이 아닙니다. 96년 말 대전지방교정청장직을 명예퇴임한 지 9년이 지났으니, 터져도 오지게 크게 터져 꿈인지 생시인지 모를 지경으로 나를 행복하게 합니다.

어느 날 창문을 여니 뜰 앞의 백목련이 활짝 피어 방안 가득 밀어 넣은 향기에 푹 빠진 양 상쾌하고 즐겁습니다. 어찌 보면 목련보다 더 아름다운 교정의 향기라고 하는 게 맞을 겁니다.

그러니까 88년 처음으로 '감독교사' 제도가 시행되었습니다. 각 부서에는 고참 교사를 감독교사로 선발 임용하였으나, 여사(女舍)에 근무하는 교사는 한두 사람에 불과하여 감독교사에 임용할 인원이 부족하였습니다. 부득이 교도 중에 근무 연한, 성적, 지휘 감독할 수 있는 자질 등을 감안하여 감독교사를 임명할 수밖에 없었습니다. 임시로 교사계급장을 직접 달아주고 격려하였습니다. 그러나 현장에서는 이것으로 감독교사의 권위가 살아나고 감독업무를 수행할 수 있는 것이 아니기 때문에 많은 직원들이 보도록 대중 앞에서 격려의 말도 하고 관심도 보여주어야 했습니다. 그래야만 실질적으로 같은 계급의 사람들이 시기와 질투를 접고 직무명령에 복종하고 따르게 될 터이니 말입니다. 이렇게 관심을 기울여주는 동안 본인은 직장의 최고위 상사의 각별한 관심과 보살핌에 대한 고마움이 깊어갔던 모양입니다. 그분의 말을 빌리면 나의 이와 같은 행동이 바쁜 일과 중의 파격으로, 아버지의 딸에 대한 애정 같은 정서로 받아들여지고 15년이 지나 교감이 된 지금까지 간직하고 있다가 나를 놀라게, 행복하게, 교정직에 대한 자부심을 드높이게 하고 있습니다.

약 3주 전이었던가 전혀 기억이 없는 교정직 여직원이 전화를 걸어와 찾아뵙고 싶다고 하였습니다. 바쁜 사람을 굳이 집으로 오게 하는 것이 부담스럽고 또 기억에 살아나지도 않아 편한 시간 편한 장소에서 만나기를 원하였으나, 굳이 집으로 찾아오겠다는 것이었습니다.

참으로 기이하고 당황스럽기까지 하여 그 전화를 받고 나서 무슨 일일까, 이 사람, 저 사람에게 신상을 알아보아도 전혀 기억이 나지 않았습니다. 내가 문단활동을 하니까 간혹 문단에 관한 소식이나 창작에 관한 문의를 받는 경우가 있어 작가지망생인가 아니면 이빨 빠진 호랑이에 불과한 이 사람에게도 가끔은 특별면회를 부탁하는 사람이 있어 혹 수용자와 관련된 일로 나를 보자고 하는 것인가. 이리저리 머리를 굴려보아도 전혀 감을 잡을 수가 없었습니다.

그러던 차에 마침 혼자서 원고를 정리하고 있는데 초인종이 울렸습니다.

급히 달려가서 현관문을 열어주고, 거실로 안내하여 자리를 권한 다음, 녹차준비를 하면서 이리저리 살펴보아도 기억이 잘 나지 않았습니다. 드디어 찻잔을 가운데 놓고 옛날이야기로 돌아갔습니다. 어렴풋이 '가짜 감독교사'지만, '진짜 감독교사' 못지 않게 직책을 훌륭히 해낸 이○○라는 이름이 떠올랐습니다. 지금은 승진 영전을 거듭하여 민원실장을 맡았다고 합니다.

이런 저런 이야기 끝에 가족상황까지 알게 되어 '역시나, 그렇구나'라는 말이 입 안 가득 엉기었습니다. 남편은 중견공직자이고, 친정아버지는 기초단체장을 역임한 분이라니 알만하지 않습니까. 그 덕화로 지금 내가 분수에 넘치는 행복감에 떨고 있지 않는가. 말이 15년이지, 그 세월 동안 임시로 단 계급장을 잊지 않고 나를 찾다니 어디 예삿일인가요.

지금은 삼강오륜을 말하면 진부하다고 고개를 돌리는 세상이고 물질의 노예가 되어 핏줄 사이에도 차마 눈 뜨고 볼 수 없는 참혹한 일들이 벌어지곤 합니다. 나의 입장에서는 기관을 운영하기 위하여 합당한 인물을 선발, 열심히 일하도록 고생 시켰을 뿐이고 본인 입장에서는 '다 그럴만하니까 나를…' 하고 치부할 수 있는데도 은혜로 알고 15년 동안 간직하고 있다가 찾아온 것이 어찌 사건 중의 사건이 아니라고 할 수 있습니까.

참으로 시궁창에 물들지 않고 피어나는 연꽃보다 아름다운 일입니다.

이 실장이 이 시대 교정의 꽃으로, 향기로 우뚝 선 것은 선비의 가풍인 친정과 시댁 그리고 본인이 가르침에 순응하고, 자기관리를 철저히 한 3박자의 하모니가 초석으로 자리한 때문입니다. 그러나 이 실장 인간미는 바로 전 교정인의 휴머니티이기도 합니다.

이 교감의 사례를 이렇게 조명하다 보니, 혹 누가 되지 않을까 저어됩니다. 예비역 교정인 선배를 잊지 않고 가끔은 제주도 밀감 한 박스, 공주 밤 한 상자, 청원 쌀 한 가마니 등 철따라 따뜻한 마음을 담아 보내는 경우도 있고, 그보다 정이 철철 넘치는 안부전화도 심심치 않게 걸려와 이빨 빠진 호랑이지만 어흥! 하도록 살맛을 돋우어주기도 합니다.

'한 번 해병은 영원한 해병이다'라는 말이 있으나, '한 번 교정인은 영원한 교정인이다.'라는 말이 실감납니다. 이 사실은 교정인의 애경사에 와보면 확인할 수 있습니다. 선후배 사이의 세월이 20년은 족히 넘나드는 피로연장의 향기가 이를 증명합니다.

그래서 교정인들은 이구동성으로 행복하다고 합니다. 그렇기에 사람들은 교정의 향기가 꽃보다 아름답다고 입소문을 냅니다.

(05. 4. 『교정』)

세월을 밀고 가는 삶

시작도 끝도 없이 흘러가는 세월 따라 변하지 않는 것은 하나도 없습니다. 만물의 영장이라는 사람도 세월을 거슬러 오르거나 뛰어넘을 수는 없습니다. 그래서 "세월 앞에 장사 없다."고 선인(先人)들은 이야기합니다. 다만 사람은 생각하는 동물이라는 점에서 특이할 뿐입니다. 프랑스의 철학자 파스칼은 명상록에서 사람은 자연 중에서 가장 허약하여 갈대와 같이 흔들리나 사고(思考)하는 점이 존귀하다 하여 '생각하는 갈대'라 하였습니다.

이와 같은 인간의 능력은 학문과 예술, 문화와 역사를 발전시켰습니다. 인생의 시간 단위인 나이에 대하여 특별한 의미와 명칭을 부여하여 인품(人品)의 성숙도(成熟度)를 나타내기도 하고, 자기개발의 경책(警策)으로 삼아 일상(日常)을 절제(節制)하고 갈무리하는 기준(基準)으로 삼기도 하였습니다.

나이가 예로부터 인생칠십고래희(人生七十古來稀)라는 고희를 넘었으니 지나온 세월이 꿈결 같습니다. 앞으로 어떻게 살아야 부끄럽지 않을지 심히 저어되어 선현들의 말씀을 되새겨 보고 몸과 마음을 추슬러 후회 없이 살려합니다.

공자는 논어(論語)에서 15세를 학문에 뜻을 두는 나이로 보아 지학(志學)이라 했습니다. 청소년 시절에는 부닥치는 문제마다 뜻대로 해결되지 않아 좌절하고 분노하면서 고민 속에 빠져듭니다. 따라서 이 시기를 폭풍의 계절, 좌절의 시기라고도 합니다. 나를 괴롭히는 문제의 본질을 배우고 익히는데 뜻을 두어 끝내는 극복해야 한다는 것입니다. 따라서 남아 20세가 되면 제법 의젓해지는 단계로 약관(弱冠)이라 했습니다. 30세는 두 발로 우뚝 서서 경쟁시대를 헤쳐 나갈 수 있는 그야말로 인생관(人生觀)이 확립되는 나이로 보아 이립(而立)으로 불렀습니다. 40세를 사물(事物)의 이치(理致)에 의문(疑問)이 나지 않아 속이지도 속지도 않는 나이로 보아 불혹(不惑)이라 했습니다. 50세에는 천지(天地)의 이치를 안다하여 지명(知命) 혹은 지천명(知天命)으로 불렀습니다. 즉 소아(小我)에서 벗어나 보편타당한 준칙에 맞게 사는 대아(大我)가 되는 것입니다. 60세가 되면 남의 말이 옳은지 그른지 탓하지 않고 걸림 없이 받아들일 수 있다하여 이순(耳順)이라 불렀습니다. 역한 소리를 들어도 화내지 않고 감정을 다스려 잘못을 용서할 줄 압니다. 귀가 어둡고 가까운 곳이 안보이며 기억이 떨어지면 웬만한 소리는 듣지 않고 멀리 있는 것만 보면서 원한, 감정 따위를 털어버리고 사는 것이 자연의 이치이기도 합니다. 61세 화갑(華甲)의 화(華)자는 십(十)자가 여섯 개에 일(一)자가 하나 더하여 61세를 나타내므로 회갑(回甲), 환갑(還甲) 또는 격을 높여서 화갑이라 합니다. 62세는 환갑보다 1년이 더 나갔으므로 진갑(進甲)이라 합니다. 70세 고희(古稀)는 종심소욕 불유구(從心所欲 不踰矩)라, 뜻대로 행하여도 법도(法道)를 벗어나지 않는다는 논어에 있는 말인데, 일설(一說)에 따르면 두보(杜甫)의 곡강시(曲江詩)에 있는 시구(詩句) 인생칠십고래희에서 따온 말이라고도 합니다. 77세 희수(喜壽)는 희자의 반초서(半草書)가 '칠(七) 더하기 칠(七)'이므로, 80세 산수(傘壽)는 산(傘)자를 파자(破字)하면 '팔(八) 더하기 십(十)'이므로, 88세 미수(米壽)는 미자를 분해하면 '팔(八) 더하기 팔(八)'이 되므로, 90세 졸수(卒壽)는 졸(卒)자의 약자는 '구(九) 더하기 십(十)'이므로, 99세 백수(白壽)는 백에서 일을 빼면 흰 백자가 되니 이렇게 불렀습니다. 100세를 상수(上壽)라 함은 인간수명의 한계(限界)를 100으로 보아 그 이상의 장수에는 별도의 의미를 더하는 세칭(歲稱)이 없습니다. 세칭 중 파자(破字) 혹은 서체(書體)를 원용(援用)한 것은 흥밋거리로 보아도 좋을 것이나 그밖의 세칭은 삶의 지침으로 삼아야할 일입니다.

이런 삶이야말로 여유로우며 품위가 은은히 묻어납니다. 세월에 쫓기지 않고 세월을 재단(裁斷) 하고 요리하면서 유유자적 세월을 살아간다면 아름답지 않을까요. 이와 같은 군자(君子)로서의 삶은 지혜로워서 자연스럽게 집착(執着)과 탐욕을 탁! 던져버리게 됩니다. 따라서 모든 근심걱정이 사라져 가을하늘과 같이 시원합니다. 가정은 바로 천당이요, 세상은 극락이 됩니다.

나이가 더할수록 철이 든다하더니, 미수에 3년을 더 사신 아버님과 상수(上壽)를 일기로 사바세계를 떠나신 어머님 자리가 너무나 허전합니다. 나를 낳아주시고 길러주시고 지켜주신 수고로움과 애틋한 사랑이 하늘보다 컸기 때문입니다. 생각하면 불효막심한 죄책감에 몸이 떨릴 뿐입니다. 세칭에 계합된 삶을 게을리 한 탓이라 뒤늦은 반성을 하지만 이미 때는 지나고 말았습니다.

그래서 나는 공자가 논어에서 밝힌 자기계발이나 성장에 따르는 처세단계(處世段階)인 세칭에 계합(契合)하는 삶을 살아가기로 더욱 더 다짐합니다. 나아가 논어(論語) 학이편(學而編)의 삼호(三乎)정신으로 늘 인생을 배운다는 자세로 즐겁게 공부하고 지기(知己) 지음(知音)을 기다리기도 하고 때로는 찾아다니면서, 그리고 세상 사람들의 시비를 초연(超然)하여 군자(君子)로 살아보려고 아호(雅號)를 삼호당(三乎堂)이라 지어 삶의 좌우명으로 삼았습니다.

이와 같은 초심(初心)이 흔들이지 않는다면 나의 여생 '종심소욕 불유구'라, 날마다 좋고 달마다 즐거우며 해마다 행복하게 살 것이라 믿어 의심치 않습니다. (2011. 『오우수필』)

소걸음이 천리를 가다

내 어릴 적 공부방(사랑방) 옆에는 외양간이 붙어있었다. 외양간에는 우람한 암소가 송아지하고 평화롭게 먹고 자고 놀며 지냈다. 가끔 끌고 나와 풀을 뜯기러 들로, 산으로 몰고 가면 나보다 몇 배나 큰 놈이 뚜벅뚜벅 잘도 따라 다녔다. 해가 뉘엿뉘엿 넘어갈 무렵이면 집으로 끌고 돌아와 외양간에 고삐를 매었다. 무더운 여름 어느 날 그늘에서 한참 졸다가 눈을 떠보니 소가 보이지 않았다. 소를 찾아 온 산을 찾아 울며불며 헤매다가 찾지를 못하고 저녁 늦게 집에 돌아 와보니 제 발로 찾아와 평화로이 되새김질을 하고 있지 않은가? 한편으로는 고맙고 또 한편으로는 얄미웠다.

비 오고 천둥, 번개 쳐 오금이 저리는 여름밤에는 옆방에서 자고 있는 커다란 소를 생각하면서 편안히 잠을 잘 수 있었고 눈 오는 엄동설한에는 쇠죽 쑨 따끈따끈한 사랑방에서 긴긴 밤을 지낼 수 있었다. 그뿐이랴. 농부이신 선친(先親)을 따라 다니며 쟁기질, 써레질로 논밭 가는 늠름한 모습을 보았고 볏단, 보릿단을 등이 휘도록 가득 지고 산길 들길을 침을 질질 흘리며 뚜벅뚜벅 오르내리는 힘든 모습도 보았다. 초등학교 등하교길인 신작로(新作路)에는 수레를 끄는 소가 있었고 가끔 빈 수레에 걸터앉는 호사도 누려 보았다. 그래도 힘들다 투정을 부리는 모습은 보이지 아니했다.

내가 소꼴을 베어다주면 소담스럽게 먹었고, 선친(先親)의 이랴! 소리에 묵묵히 앞만 보고 걸었다. 지금 생각하니 소는 나의 친구요, 우리 가족이요, 수호신이요, 일꾼이자 나의 대학등록금에 팔려간 참으로 고마운 심청이 아니라 우리 가족이니 오청이었다. 그래서 옛날 사람들은 소를 생구(生口)라 하여 한 집안 식구로 대접했는지도 모른다.

농기계가 보급된 오늘날에는 비육우(肥肉牛)로 전락하고 말았지만 경운기(耕耘機)가 보급되기 전에는 농가의 보물처럼 쓰였고 한집안 식구로 깍듯이 대접받았다. 매년 첫 번째 축일은 '소의 날'로 기려 일을 시키지 않았다. 쇠죽에 콩을 듬뿍 넣어 잘 먹였다. 쇠붙이를 다루지 않아 소로 하여금 편안한 하루를 보내도록 배려하였다.

이런 맥락에서 소를 의인화(擬人化)한 설화도 전한다. 정승 황희가 길을 가다가 두 마리 소가 밭갈이하는 걸 보고 농부에게 다가가 묻기를 "어느 소가 일을 더 잘 가는가?" 하니 농부는 다가와 귓속말로 "이쪽 소가 더 잘 합니다." 황희가 괴이하게 여겨 "어찌하여 귀엣말로 대답하는가?" 하니 농부는 "비록 미물일지라도 그 마음은 사람과 다를 바 없으니 다른 소가 질투하지 않겠습니까?"라고 하였다는 이야기다.

경상도 상주군 낙동면에는 농부 권씨의 생명을 구하고자 호랑이와 격투를 하다가 죽은 소의 무덤과 관련된 전설이 있고, 개성 땅에는 눈먼 고아에게 꼬리를 잡게 하여 이끌고 다니면서 구걸을 시켜 키웠다는 전설이 있는 '우답동'이라는 마을이 있다고 한다. 그밖에 주인과 한 몸이 되어 싸움을 하는 소싸움이 아직도 경상도 지방에 성행하고, 관동·관북지방에는 정월 보름날 건장한 청년이 알몸으로 소를 몰아 밭을 갈면 풍년이 든다하여 나경(裸耕)행사를 매년 하다고 한다. 그리고 함부로 소를 집안에 들이지 않고 반드시 좋은 날인 우납일(牛納日)에만 송아지나 소를 사서 들였다.

이제 소의 일생이 어떻게 마감되는지를 살펴 볼 차례다. 멍에를 메고 논밭 갈고, 수레 끌고 연자방아를 돌리고 등짐 지고 뚜벅뚜벅 말없이 살다가 마지막에는 몸을 던져 살은 인간의 주린 배를 채우고, 뼈는 아교·젤라틴·단추 등에, 털은 쿠션·의자 침대 충전용·담요·옷감·솔 등에, 가죽은 신발·가방·옷·벨

트・지갑 등에, 뿔이나 발굽은 활 같은 무기・담배 물푸레・단추・제유(製油)・기타 세공예품(細工藝品) 등에, 또 내장이나 피는 식용・악기 줄・조혈진통제 등 약제로 쓰인다. 이와 같이 무엇 하나 버릴 것 없이 인간을 위해 알뜰하게 희생한다.

이런 소의 일생을 보면서 우리 인간은 얼마나 남을 위하여 희생하고 봉사하는지? 소에 반에 반이라도 따라가는지? 생각하게 된다.

올해는 소의 해, 설을 지나고 춘분이 지나 매화, 개나리가 피었다. 금년은 미국 발 금융대란으로 어느 해보다 모질고 힘든 해가 될 것 같다. 범사(凡事)에 감사(感謝) 하면 마음이 편하다. 가족(家族)은 존재 그 자체가 희망이요, 빛이다. '우보천리(牛步千里)'라는 말이 있다. 평상심(平常心)으로 가족과 함께 마음을 모아 느리기는 하지만 소걸음으로 뚜벅뚜벅 가다보면 어느덧 천리 길 금융대란의 터널도 벗어나지 않을까?

(09. 5.『문예사조』)

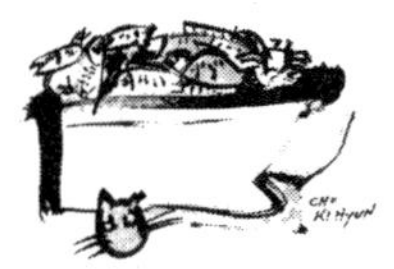

나라사랑 소나무사랑

내가 사는 집에서 길만 건너면 양천공원이다. 공원에는 놀이기구, 운동기구, 공연무대, 정구, 농구, 배드민턴 코트가 잘 가꾸어져 있다.

아침 6시 동네 사람들이 모여 생기발랄한 에어로빅 강사의 율동과 구령에 맞추어 운동을 한다. 나도 새벽 5시에 일어나 침실정리 후 공원 산책로를 걷다가 아침운동에 동참한다. 참여하는 사람들은 6~7학년이 대부분이고 5학년은 10% 정도다. 아마도 청장년 남자는 일터에 나갈 준비에, 여자는 남편과 자식의 출근, 등교 뒷바라지에 분주한 시간대라 동참할 수 없을게다. 성비를 보면 남 1: 여 30 정도다. 이 시대 남자들은 어디서 무엇을 하는지 음식점, 관광지 등산로 어디를 가나 여인천하이니 말이다.

아침 운동은 국민체조·청소년체조로 몸을 푼 다음 에어로빅을 한다. 체조강사는 운동시간 45분을 정확하게 지킬 뿐만 아니라 공휴일과 일요일도 빼먹지 않는다. 지루하거나 힘들지 않도록 재미있는 운동을 삽입한다. 1:1 또는 무리를 지어 손뼉을 마주치기도 하고 궁둥이를 살짝살짝 대기도 하고 서로 싸고돌기도 한다. 이렇게 몸을 풀고 나면 생기 넘치는 하루가 열린다.

주민들의 휴식과 운동, 오락, 관람 등을 아우르는 양천공원이 요사이 모양을 내려고 아스콘 다시 깔기와 가로등 바꾸기, 보도 내기 등 공사가 한창이다. 공사 진행 속도가 느린 만큼 참고 기다리는 주민들에게 하나의 예술 작품으로 돌려주기를 기대한다.

그리고 계절에 따라 녹지사업을 잘 하여 양천구가 서울시내 자치구 중에 가장 푸른 동네가 된 것이 아닌가 생각한다. 푸른 숲은 참으로 좋다. 맑은 산소를 공급하니 말이다. 해마다 나무를 촘촘히 심는 것도 좋지만 울창한 활엽수 속에서 기를 못 쓰는 소나무 등 상록수를 가꾸어 사계절 푸른 동네를 만들려면 겨울에 헐벗고 을씨년스럽게 서 있는 속성 활엽수를 과감하게 솎아내면 좋겠다.

'남산 위에 저 소나무 철갑을 두른 듯 바람서리 불변함은 우리 기상일세.' 애국가 2절이다. 온갖 질곡과 시련에도 꺾이지 않는 우리 민족의 기상인 소나무를 가꾸는 일에 민족의 자존을 위해서도 정성을 기울여야 한다. 특히 애국의 선봉에 선 공무원들의 소나무 사랑을 기대한다.

일제 식민지 시대는 '저 소나무'가 홀대를 받았다. '저 소나무'는 우리나라 토종 소나무다. 기름진 땅에서 가꾸면 반듯하게 잘 자란다. 궁궐이나 사찰 목재로 최상이다. 그래서 조선왕조에서는 금표비를 세워 엄격하게 보호하였다. 그런데 일제식민지시대에 경제적 활용도가 없다는 명분을 내세워 다른 수종으로 산림을 개조하여야 한다는 주장이 잠시 설득력을 얻었으나 이면을 살펴보면 우리 민족의 정기를 말살하려는 교활한 의도가 숨어있었다. 그 후 헐벗은 산림을 녹화하는데 급한 나머지 '저 소나무'의 중요성을 잊고 지나다가 지금은 엄청난 가격의 정원수로 각광을 받아 관청이나 대형 건물 앞에 그 위엄을 떨치고 서 있으니 격세지감이 없지 않다.

이제라도 소나무 살리기고 가꾸기에 온 국민이 나서야 한다. 나도 선산에 가면 잡목이 우거지고 칡넝쿨, 담쟁이 넝쿨이 기어올라 칭칭 감아 고사하는 소나무를 볼 때마다 가슴이 저리다. 낫으로 넝쿨을 잘라주기는 하지만 역부족이다. 철따라 잡목, 잡초제거 등 가꾸지 못하는 처지가 한스러울 뿐이다. 이제는 국책사업으로 공익요원을 투입한다든가 특단의 대책을 강구하여 소나무를 가꾸면 참으로 좋겠다. 도시의 녹지사업 전개과정에서도 민족정기 선양차원에서 '우리의 나무 소나무' 가꾸기에 관심을 가져 주었으면 한다.

어느 날인가 양천공원을 가꾸는 정원사를 따라다니며 유심히 보았다. 죽은 가지를 용케도 찾아 잘라내고 있었다.

느티나무와 소나무 가지가 엉켜있기에 나는 정원사에게 "소나무를 보세요. 솔방울이 다닥다닥 많이 달려 있잖아요. 이런 현상은 '나는 괴롭다. 죽을 날이 얼마 남지 않았다. 죽기 전에 후손 한 그루라도 남기고 가야겠다.'는 강한 의사표시입니다. 모든 생물은 종족보전본능이 있거든요. 그러니 저 느티나무 가지를 잘라 소나무를 보호하는 게 좋겠어요. '소나무는 우리 민족의 불굴의 기상'을 상징합니다. 소나무를 보면 나라와 민족을 지켜주신 지사, 열사, 호국영령이 떠오르거든요."

정색을 하고 진지하게 말을 하니 지적한 느티나무 가지를 자른다. 소나무는 이제 살았다고 기지개를 펴는 듯 가지를 흔든다.

공직관이 투철한 우리 구청 공무원들이 앞장서서 관내공원이나 녹지대의 토종소나무를 보호하고 심고 가꾼다면 '소나무고을 양천 · 나라사랑 양천'도 멀지 않을 것을 생각하니 신이 난다. '남산 위에 저 소나무' 애국가 2절을 흥얼거리면서 신나게 집으로 돌아왔다.

(07. 7. 양천소식)

순처가(順妻家)로 여생(餘生)이나

지난달 막내딸을 출가시키고 나니 집안이 텅 빈 것 같다. 하루에도 몇 번씩 측은한 생각이 들어 늙은 아내를 쳐다보다가 눈이 마주치면 멋쩍게 시선을 돌리게 된다. 만감이 서린 가슴이 열려야 말이라도 주고받을 터인데 열리지를 않는다. 설사 열린다 하더라도 오근자근 정답게 대화를 나눈 적이 별로 없다. 전형적인 충청도 기질이라 아내의 뜻은 무조건 거역한 역처가(逆妻家)로 평생을 살았으니 갑작스레 살갑고 정다운 말이 나올 수 있겠는가….

부모봉양, 자식양육, 집안 대소사 등을 아내에게 맡기고 교정직(矯正職)을 천직으로 팔도강산을 돌아다닌 지난날의 생각이 문득 떠오른다. 순간 아내는 태산처럼 높게 보인다.

부모님이 천수(天壽)를 다 누리시도록 받들어 모시고 자식들은 저희들 하고 싶은 일 다 하고 늦게나마 짝을 찾아 떠나보낸 뒤임에도 보람이 느껴져야 할 터인데, 다른 한편으로 그 보람 속에 몰입(沒入)된 아내와 내가 숨차게 달려온 일생이 허망(虛妄)으로 남는다. 아! 인생 일장춘몽(人生一場春夢)이란 선인(先人)들의 말씀이 이토록 실감날 줄이야….

허전한 심사를 달래보려고 책을 펴니 당대(唐代)의 시인(詩人) 유우석(劉禹錫)의 『규원사(閨怨詞)』가 눈에 소~옥 들어온다. 긴긴 밤 객지에 나가있는 남편을 연모(戀慕)하며 눈물을 펑펑 쏟았을 젊은 날의 아내 생각에 가슴이 뭉클하다. 나 같은 처지(處地)에 있는 사람들을 위하여 이 시를 소개(紹介)한다.

규원사

珠箔籠寒月(주박롱한월: 구슬발 사이로 달빛이 처량하게 비치고)
紗窓背曉燈(사창배효등: 비단 창가에 새벽 등불이 가물거리네.)
夜來巾上淚(야래건상루: 이 한밤 다 새도록 흘린 눈물수건이
一半是春氷(일반시춘빙: 그 반은 봄추위에 얼었구나.)

(지금 밤잠이 들려고 하는데 낭군 생각이 나서 창문을 바라보니 구슬로 엮은 구슬발 사이로 들어온 달빛에 처량한 생각이 들었네. 또 새벽에 이르러 선잠을 깨어도 임 생각이 나서 비단 창을 보니 희미한 등불이 가물거리고 있네.)

—초저녁부터 첫 새벽까지 이 한밤이 다 가도록 이어진 근심과 걱정이 곧바로 '밤중의 눈물수건'으로 이어졌으니 이 모두가 새로 흘린 눈물과 전에 흘린 눈물자국이다. 그 반은 지난 울음

의 흔적이니 흘린 눈물은 이미 차가워져서 봄추위에 얼어있고 그 절반은 새로 흘린 눈물이라, 아직은 따뜻하여 얼지 않았을 것이니, ―이는 연모 끝에 어리는 깊은 원망의 글이다.

'달을 보고 그리워 줄줄 눈물을 흘렸고 등불을 보자 슬퍼서 뚝뚝 눈물이 떨어지니 이는 한이 깊고 깊은 것이리라.'

나무나 연탄을 태워 데운 구들방에서 살았던 6~7학년생들은 '눈물수건이 봄추위에 얼었다'는 시어를 금방 이해할 수 있다. 그러나 기름이나 가스로 뜨거운 물을 순환시키는 난방시설에서 추위를 모르고 사는 세대는 이해를 못할 것이다.

이처럼 조강지처(糟糠之妻)의 단심(丹心)을 깨달아 늦게나마 아낌없는 자비(慈悲)를 아내에게 베풀고 싶다. 이 땅의 남편들도 머뭇거리다가 아까운 세월만 보내는 후회를 남기지 않기를 바란다.

사실 우리끼리 말이지…, 아내를 살뜰하게 보살피는 일은 곧 노후보장보험에 가입하는 일이거든, '순천자(順天者)는 흥하고 역천자(逆天者)는 망한다'는 말 들어 보았지 않았나? 같은 이치로 '순처가(順妻家)는 장수하고 역처가(逆妻家)는 단명하다'는 건 분명한 사실이다. 특히 나같이 평생을 역처가로 살았다고 생각하는 6~7학년 남자들은 아내의 뜻에 따르는 순처가로 거듭 태어나서 남은여생 편안하게 보내라고. 알아들어! 친구야. 명심하라고, 허~참.

(08. 5. 『문예사조』)

시와 묵향의 거리에서 생긴 일

목동신시가지아파트는 전국 최초로 도시계획에 따라 모범적으로 시공한 대규모단지이다. 도로, 녹지, 주차 등 공간 확보로 기반시설이 잘 되어 있고, 14개 단지별로 특색 있는 건물배치, 조경으로 쾌적한 생활환경을 제공하고 있다.

그중에도 14개단지를 관통하는 중심축에는 문화・행정・공원・언론・금융・종교・복지 등 공공시설이 들어섰고 그 한가운데는 걷고 싶은 거리가 잘 조성되어 여유를 한껏 부리고 있는데 특히 10여 년 전 조성된 '시와 묵향의 거리'는 그중에도 단연 압권이요 백미다.

이미 고인이 된 서정시인의 작품이 잘 다듬어진 자연석에 음각되어 있고, 시비 중간 중간에 서 있는 가로등에는 시와 그림이 어우러진 걸개가 깃발처럼 달려있어 이곳을 지나는 문화회관

관객들이나 지역주민들의 정서를 살찌우고 있다. 나는 이 거리를 사랑한다. 가끔은 이 거리를 거닐면서 시심을 돋운다. 나는 이 동네에 사는 것이 자랑스럽다. 가끔은 다른 동네 사는 동료 문인들을 불러 이 거리를 거닐면서 시를 감상하고 자랑도 한다. 아마도 다른 동네에는 이와 같은 멋스런 시의 거리가 없지 싶다. 혹 있다 하더라도 우리 동네의 것을 보고 가서 흉내낸 것으로 본다.

특히 이 거리 초입에 있는 머릿돌에 발주처의 청장이름이 새겨 있을 법도 한데 준공날짜와 발주청만 표기되어 있어 당시 청장이 누구인지 알아보니 청풍명월의 고장 출신 허완 씨라 한다. 청풍명월을 진정으로 아는 사람은 명리를 떠난 사람이라 이름을 새겨 넣을 리가 없다.

어느 날 동네 친구가 하는 말이 내 시가 그곳 시와 묵향의 거리에 걸려 있는데 오자가 두 군데 있는 것 같다고 한다. 노란 '수술'을 '수수'로, '줄기마다'가 '죽기마다'로 되어 있단다. 나는 순간 불쾌하고 당황스러워 당장 달려가 확인하고 싶었다. 그러나 그 생각도 잠시 게시하여 준 것만도 고맙지, 천천히 시정하면 되지 서둘 것 있나 하는 느긋한 생각이 들었다.

약 2주일이 지난 어느 날 오후 문제의 걸개 시를 확인하여 보니 친구의 말이 맞는다. 나는 바로 옆에 있는 신정 6동사무실에 들어가 접의자를 빌려 달라고 했다. 딴에는 오자 중 한 자만이라도 볼펜으로 고쳐 볼 양이었다. 직원이 사정을 듣고 빌려 주어 의자를 들고 나오는데 그 직원이 따라 나온다. 걸개 시 앞에 의자를 놓고 밟고 올라가 '죽'자의 'ㄱ'에 'ㄷ'을 붙여 고쳐 쓰고 나니 줄기마다로 순하게 연결된다. '수'자는 너무 높아 포기했으나 그래도 기분이 방방하다.

좋아하는 나의 모습을 본 그는 아무래도 안 되겠다며 틀린 부분을 고쳐 놓겠다고 한다. 원본대조를 철저히 하지 못한 것을 미안해하면서.

2주일쯤 지났을까? 그 자리에 가 보니 고쳐져 있었다. 땜질이지만 별로 표시가 나지 않았다. 나는 그 직원이 고마워 동사무실로 들어가 아무리 살펴보아도 보이지 않는다. 나는 동장실까지 슬그머니 들여다보았다. 거기에도 없다. 동장님은 나의 행동이 수상했는지 따라 나와 친절하게 용무를 물어본다. 나는 쑥스러워 더듬거리면서 그간의 사정을 이실직고 하였다. 그리고 그 직원 이름을 물어보니 맹규섭 씨라고 하면서 외근 중이라 한다. 나는 고마운 인사를 동장님께 전해 달라 부탁하고 자리를 떴다.

나는 우리 동네를 좋아한다. 시와 묵향의 거리를 사랑한다. 특히 우리 구청공무원들의 성실, 봉사하는 자세가 믿음직스럽다. 나는 재작년 7월에 친절한 신정 6동 공무원 강선희 씨를 소재로 '오늘은 즐거운 날'을 양천구 홈페이지와 문예지에 발표한 바 있다. 후배공직자들을 보는 것만으로도 흐뭇하고 행복하다.

이제 시와 묵향의 거리에 오지 못하는 독자를 위하여 문제의 시 「장미」 전문을 소개할 차례다.

장미

빨간 꽃잎으로 겹겹
싸안아 노-란 수술로
키워냄은
작열(灼熱)하는
햇살 으스러지게 껴안아
사랑을 불살라 버리기
위함이고
줄기마다
촘촘히 박힌 비수(匕首)
연적(戀敵)을 지키는
초병(哨兵)들이니

아-
그 불같은 아름다움
천하(天下) 대도(大盜)인들
훔칠 수 있을까.

그 후 나는 몇 년을 한결같이 양천공원 아침체조시간에 바로 내 앞에서 아름답고 정확한 율동으로 나를 리드해주는 우아한 여인이 고마운 생각이 들어 묵향의 거리 초입에 '장미 한 송이 걸어 놓았으니 가져가세요.'라고 말했다. 화두가 너무 어려웠나 보다. 여러 날이 지나도 별 반응이 없다. 향기가 그 여인의 코끝에 어릴 때까지 나부끼기를… 장밋빛 붉은 마음이 그 여인의 마음에 겹쳐지기만을 기다린다.

(06. 10.『양천소식』)

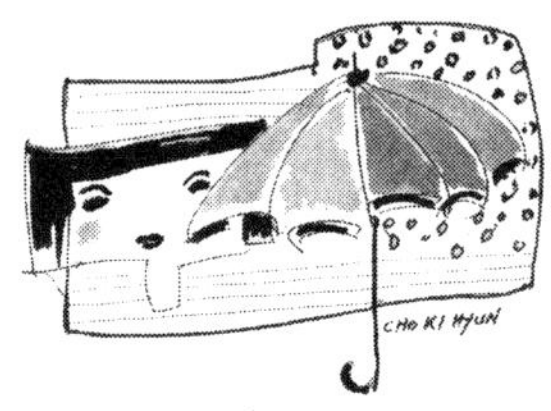

아름다운 세상을 그리자

초·중·고등학교가 솔선해서 운동장을 일년 내내 개방하고 있다. 지연주민의 건강에 기여하고 있어 참으로 다행스런 일이다. 나도 동네 사람들과 같이 아침운동에 참여하고 있다.

이들의 모습은 계절에 따라 다르다. 겨울에는 새벽 추위를 이기기 위하여 털모자와 장갑을 착용한다. 찬바람이 옷 속으로 들어오지 못하도록 팔, 다리, 목까지 끈이나 지퍼로 묶기도, 잠그기도 한다. 추운 날씨와 복장준비 등 번거로움 탓인지 참가인원이 가장 적은 계절이다.

꽃들이 만개하고 신록이 짙어갈 때쯤이면 반소매 반바지 차림으로 나타난다. 이때는 에어로빅, 축구 등 단체운동을 비롯하여 개인운동 인원도 많이 늘어나 운동장이 거의 다 찬다.

여름에는 노출의 계절답게 거부감이 생기지 않을 정도로 몸을 가리고 자유롭게 활동할 수 있는 초간편 복장이 된다. 봄부터 초여름까지는 아침운동에 참가하는 인원이 늘어나다가 날씨가 점점 더워지고 휴가철이 되면 차차 줄어든다. 휴가도 끝나고 입추와 백로를 지나 추석명절의 어수선함에서 벗어날 때쯤이면 또 다시 조조 체육인이 늘어난다.

이와 같이 계절에 따라 아침 운동인원의 증감이 반복된다. 그러나 운동장은 운동인원에 따라 넓어지거나 좁아지지 않는다. 교정의 관상목도 계절에 따라 옷은 바꾸어 입지만 그 자리에 그대로 있을 뿐이다. 다만 사람들의 간사한 생각으로 인하여 날씨에 따라 또는 형편에 따라 나오다 말다 할 따름이다.

운동장의 그림은 전적으로 운동하는 사람들에 의해 달라진다. 92년 7월 미명, 양강초·중등학교 운동장의 풍경화를 그려본다. 연륜이 무거운 사람들은 가볍게 뛰지 못하고 운동장 가장자리를 수도하는 사람처럼 묵묵히 걷고 있다. 빠르지도 느리지도 않은 한결같은 속도로 터벅터벅 걸어가고 있다. 조깅하는 사람이 옆으로 지나가거나 툭 치거나 진로를 방해하더라도 개의치 않고 그대로 간다. 한동안 앞으로 걷다가는 뒤로 걸어가고 있다. 뒤통수에 눈이 있는 것도 아닌데 앞으로 걸을 때의 바르고 당당한 자세 그대로다. 오랜 풍상 속에 살아오면서 터득한 부동의 신념을 보는 것 같다.

조깅하던 사람이 이번에는 하와이 원주민들의 춤 같은 동작을 하면서 운동장 중앙선을 따라 저만큼 오고 있다. 뒤로 걷던 사람은 느티나무 아래서 선 체조를 하고 있지 않은가? 벤치에 앉아 열심히 기도하는 백발이 성성한 할머니의 모습도 보인다. 애정이 넘치는 남편의 손을 잡고 한쪽 다리를 기우뚱거리며 아주 천천히 온몸으로 걷고 있는 중년부인의 모습이 의지(意志)에 차 있다. 그 옆을 지나는 사람은 많은데 특별한 관심을 보이지 않는다. 이것이 오히려 그로 하여금 재활의 힘을 쏟게 하는지도 모른다.

30분 정도 지나면서 붉은 해가 세상을 밝히기 시작하면 유니폼 차림의 조기축구팀이 모여들어 가벼운 워밍업 끝에 시합에 들어간다. 조용하던 운동장에 활기가 돌기 시작한다. 중·노년 부인들 100여 명이 모여서 에어로빅 체조를 한다. 경쾌한 음악에 섞인 여강사의 구령소리가 춤추듯 명랑하다. 젊음이 되살아나는 것 같다. 분홍색 티셔츠에 가지각색의 반바지를 입은 부인들의 모습이다. 전국체전이나 국제대회의 식전행사같이 질서정연한 아름다움은 찾을 수 없지만 그런 대로 봐줄 만하다. 오리궁둥이는 궁둥이대로, 절구통 허리는 허리대로, 처진 가슴은 또 가슴대로, 팔다리와 머리도 또한 그것들대로 앞뒤로, 좌우로, 아래위로 흔들흔들 호들호들 움직이고 뛰는 모습들이 각각이다. 그렇지만 전체적인 율동은 한 골짜기로 흐르고 있으니 나름대로 괜찮게 보인다. 신바람 난 여자들에 합류하자니 멋쩍고, 구경만 하자니 아쉬운 중·노년 남정네들은 멀찌감치 서서 반 박자 늦게 허겁지겁 따라가는 모습도 진지하다.

다른 한쪽에서는 배드민턴 그룹이 있다. 부부간, 이웃간에 열심히 치는 모습이 화목하게 보인다. 느티나무에 등을 치거나 배를 치는 사람, 철봉과 평행봉을 하는 노익장의 남성들도 있다.

양강초등학교와 중학교는 언덕 위에 나란히 자리 잡아 빽빽하고 답답한 도시공간을 활짝 열어줌으로써 이곳 주민의 체력향상은 물론 정서적 안정과 여유를 갖게 한다. 특히 이웃과 자연과의 조화라는 지혜까지 터득하게 된다.

한정된 운동장에 많은 사람들이 모여 갖가지 운동을 하지만 서로 부딪히는 일은 흔하지 않다. 설혹 부딪쳐도 씩 웃고 말지 그로 인하여 다툼으로까지 이어지는 일은 없다. 축구와 에어로빅 등 단체운동과 여러 가지 개인운동을 하면서도 다툼이 없다는 것은 무엇을 의미하는가? 자기만이 아닌 상대방을 의식하고 미리 알아서 양보하는 따뜻한 배려인 것이다. 그렇다고 자기운동을 하지 못하는 것은 아니다. 이와 같이 개인운동과 단체운동을 불편 없이 즐길 수 있다는 것이 바로 '조화'이다. 우리들의 삶이 조화를 이룰 때 명랑하고 활기찬 사회, 살맛나는 세상이 될 것이다.

'사람의 마음은 화가와 같다'는 부처님 말씀이 있다. 마음은 산도 그리고 바다와 강도 그린다. 도시도 그리고 농촌과 어촌도 그린다. 해와 달, 별도 그린다. 그리지 못하는 것이 없다. 그러나 같은 그림이라도 그 사람의 마음이 밝고 맑고 고요하면 있는 그대로의 그림을 그릴 수 있으나, 마음에 그림자가 드리운다면 제대로 그리지 못할 것이다. 많은 사람들이 각기 다른 운동을 하면서도 걸림이 없다면 그 운동장의 모습을 담은 그림은 구도, 원근, 명암, 채색 등이 조화를 이룬 걸작이 될 것이다.

이제 운동장의 화폭을 접고자 한다. 그러나 이 세상의 그림도 이와 다를 게 없을 것이다. 사람들이 자기만을 생각하고, 자신만을 위하며, 자기 것만을 챙기는 마음으로 산다면 금수강산도 사막으로 그려질 것이다. 자기보다는 이웃을 생각하고, 권리보다는 의무를, 권한보다는 책임을 소중히 여기는 사람이 더 많다면 회색빛 도시도 분홍빛 모습으로 다가올 것이다.

아름다운 마음으로 생활하면 아름다운 세상을 그릴 수 있다. 사람마다 일생 동안 그리는 생활화를 명화로 남기기 위하여 노력한다면 불가능한 일만은 아닐 것이다.

교문 밖으로 나오니 산들바람이 땀방울을 부드럽고 상쾌하게 씻어준다.

내가 그리는 오늘의 그림도 아름다울 것만 같다.

(98. 『수필춘추』 가을호)

사람답게 사는 법

숲 속은 새들의 노랫소리가 울려 퍼질 때 평화롭고, 물속은 고기 떼들이 노닐어야 행복하다 하였는가. 사람 사는 세상도 이와 같은지, 아니면 아귀다툼이요, 아수라장인가를 생각하면서 인간의 도리를 짚어본다.

생명이 있는 모든 것들 중에 가장 뛰어난 것이 사람이다. 다른 것들보다 상상의 나래를 무한히 펼칠 수 있고 생각한 것들을 현실로 구현할 수 있는 능력이 있기 때문이다. 따라서 지구의 주인으로 살면서 우주까지도 개발하려고 탐사위성을 쏘아 올리곤 한다.

느낌과 판단은 사람마다 달라서 같은 개념이 있을 수 없다 하여 '사람이 만물의 척도(尺度)'라고 한다. 그렇다고 오만할 수 없는 것이 또한 사람이다. 존재하는 모든 것들의 다양성을 존중하지 않으면 생존할 수 없기 때문이다.

사람을 한자로 '인(人)'이라고 하는 연유도 여기에 있다. '人'이란 상형문자로 나와 다른 사람 · 자연들이 서로 의지하여 살아간다는 뜻이 함축되어 있다. 또 사람을 인간(人間)이라고 한다. '人間'이란 사람과 사람 사이를 말한다. 그 '사이'는 일종의 규범으로서 더불어 살아가는데 지켜야할 최소한의 책무, 도리인 동시에 보장받아야할 권리를 암시하기도 한다. 이런 것들이 조화를 이룰 때 아름다운 사이로 행복하게 살아갈 수 있다. 상대방을 무시하거나 불편하게 하여 마음에 상처를 준다거나, 그의 몫을 빼앗을 때 평화는 깨지고 갈등과 다툼이 일어나 끝내는 공멸하고 만다. 이런 분쟁은 개인, 집단, 지역, 국가 사이에서도 일어난다.

사람은 원천적으로 행복하고 평화롭게, 자유롭고 평등하게 살 천부(天賦)의 권리를 가지고 있다. 이는 누가 지켜야 하는가. 역시 사람이 지켜야 한다. 상대를 인정하고 지켜주는 것은 지구촌의 진정한 주인으로 살아가는 전제 조건이며 책무인 것이다. 이를 다하기 위하여 인간은 겸손해야 한다. 조금 앞서 눈을 떴다고, 가졌다고, 힘이 있다고 군림 하거나 지배, 약탈, 침략을 일삼는다. 그러나 힘이 모자란다고 영원히 당하고만 있겠는가. 갖가지의 저항운동이 일어날 것이다. 그래서 지구촌 구석구석에는 분쟁이 그칠 날 없다.

사람과 자연과의 관계도 예외가 아니다. 개발이라는 미명 아래 자연을 파괴하는 인간들의 무지와 오만으로 인하여 조화와 균형이 깨져 생물의 종류와 개체가 빠르게 줄어든다고 한다. 이대로 가다간 결국 공멸하고 말 것이다. '종과 자연과의 사이'에 지켜야 할 절제와 책임이 절실하다 할 것이다.

오만한 인간들에게 '경고성 가정'을 해본다.

사람의 능력을 측정하는 소위 IQ·EQ 등 각종 지수가 조금이라도 높은 생명체가 나타난다면 인간들은 그들의 사유(思惟) 속에서 온전하게 쓰임을 당하는 존재로 전락하고 말 것이다. 어느 날 갑자기 사람보다 뛰어난 우주인이 나타나 지구의 주인 자리를 차지할지 그 누가 알겠는가. 그리고 각종 환경파괴로 인한 대재앙이 오지 말라는 법도 없다고 볼 때 소름 끼치는 일이다.

이제는 '역지사지(易地思之)' 하면서 보다 겸손하게 '일체(一切)와의 사이'를 존중하고 지키겠다는 각오를 다져야할 단계라고 본다. 그 일체는 생명이 있는 모든 종(種)과 생물이 아닌 물, 공기, 토양과 우주까지도 포함한다. 각종 생태계도 이와 같은 '사이'를 존중하고 지켜질 때 건강한 조화를 이룬다. 생물학자들에 의하면 바로 이와 같은 시점에서 종은 다양해지고 개체군은 풍부해지며 생태계가 균형을 이룬다고 한다.

이쯤해서 사람으로, 人으로, 人間으로서의 나는 '사이책임'을 성실히 이행하면서 살아왔는지를 세월을 거슬러 오르면서 점검해봐야겠다. 먼저 나에게 책임감이 싹트게 한 환경을 생각해 본다. 농가의 장남으로 태어나 성장하면서 나이와 체력에 맞는 일감이 그때그때 주어졌고 맡겨진 농사일을 완수할 수밖에 없었다. 초등학교 시절부터 햇볕에 말리기 위하여 멍석에 널어놓은 벼, 콩 등 곡식을 닭이나 새들로부터 지키는 일, 농사일 하는 소를 끌고 다니며 풀을 뜯어 먹게 하는 일, 소 먹일 풀을 베어 오는 일, 일꾼들 새참 나르는 일, 벼・보리타작 돕는 일, 벼・보릿단 등 짐을 지게에 지고 나르는 일, 모심고 밭 매는 일 등 시작도 끝도 없이 일을 하면서 성장하다 보니 농사꾼이 다 되어갔다.

1930~50년대 농삿집에 태어난 남아(男兒)라면 누구나 치러야 할 과정이었다. 물론 주어지는 일들이 경중의 차이는 있으나 즐겁고 신나는 일은 아니다. 어쩔 수 없이, 그렇다고 불평할 수도 없이 해내야하는 그런 일들이다. 이 나이 먹도록 선명하게 남아 있는 그림 한 폭이 있다. 초등학교 취학 전인가. 마당 밖으로 튀어나온 콩알을 바가지에 주워 담는 일이다. 바싹 마른 콩대를 도리개로 내리치면 콩알 중 한두 알은 멀리 튀쳐나가는데, 따끈한 가을 햇살을 등에 지고 쪼그리고 앉거나 허리를 굽혀 풀섶을 헤치며 콩알을 찾아 담기란 그야말로 자신과의 지루한 싸움이다. 그 일은 콩 타작이 마무리 될 즈음 어른들의 확인으로 끝이 난다. 시간과 노력에 비해 주워 담은 콩은 얼마 되지 않는다.

그러나 이와 같은 지루한 이삭줍기 과정에서 곡식 한 톨의 소중함을 체득하였고, 맡은 바 농사일을 하면서 근면, 성실, 절약, 책임, 인내 등이 몸에 배어 격동기인 7~90년대 어려웠던 공직을 무난히 수행할 수 있었지 않았나 싶다. 그리고 흙과 씨름하고 바람과 함께 산과 들을 내달리면서 땀과 눈물로 토실토실하게 살이 오른 정서는 부모자식·형제자매·아내남편·일가친척·친구 사이를 비롯하여 사회·국가와의 사이를 존중하고 지킬 것은 지키고 삼갈 것은 삼가는 지혜를 터득하게 된 것 같다. 특히 사람 사이는 물질적인 피해는 물론 마음에 상처를 입히는 등 부담을 주는 행위를 자제하도록 진하게 가르쳐 주신 집안 어른들의 감화도 무시할 수 없다고 본다. 일체생명·자연 등과의 사이에도 이들을 가볍게 보거나 괴롭히거나 오염 시키는 일은 기억에 남아있지 않으니 '사이책임' 점수가 낙제는 면한 것 같다. 그러나 이런 생각은 어디까지나 나의 주관적인 판단이다. 만에 하나라도 나의 말과 행동으로, 얼굴빛이나 몸짓으로 마음이 불편한 분이 있었다면 늦게나마 납작 엎드려 진땀나도록 잘못을 빈다. 깊이 참회한다. 앞으로 조심하겠다, 특별사면을 기대한다.

모든 사이를 아름답게 만드는 것은 입장을 바꿔 생각하면서 인간의 도리를, 책임을 다하는 일이다. 모든 국민들 사이 특히 정치인들 사이, 여야 사이, 정부와 국민·기업인과 노동자가 믿고 존중하고 책임을 다하고 나아가 봉사하고 희생할 때 향기나는 아름다운 나라, 살맛나는 사회, 깨끗한 세상이 될 것이다.

오월의 아침 창문을 연다. 햇살 껴안은 아까시 꽃향기가 코끝에 머문다.

(04. 6. 『문예사조』)

어머님께 영광을

어머님!

이제 얼마 후면 어머님의 아들이 28년간의 공직생활을 마무리하고 야인으로 돌아갑니다. 굴곡 깊은 공직생활을 해오면서 이렇게 명예롭게 퇴임을 하게 된 것은 모두가 어머님의 은덕이지요. 어머님께서 을사년 구월 초이튿날 탄생하셨으니 금년에 92세이십니다. 그리고 생신이 이제 보름밖에 남지 않았군요.

저는 늘 죄송스럽게 생각합니다. 그러나 아직도 어머님 눈 밝고 귀 밝으시며 총명 또한 있으시니 얼마나 기쁘고 고마운지 모르겠습니다. 이처럼 건강하게 살아계셔서 자손들에게 큰 화목과 복을 주고 계시니 감사할 따름입니다. 이제 얼마 후면 어머님을 가까이 모실 수 있다고 생각하니 마음이 가볍습니다.

그렇지만 어머님!

어머님께서 저를 키우실 제 기울이신 정성, 바라시던 소원 다 알고 있는 제가 어찌 저 자신의 용렬함과 불효막심을 모르겠습니까? 죄송할 따름입니다. 제가 어렸을 때 어머님께서는 동네 아이들 불러 모으시고 소자의 별명을 지어 주시면서 '애들아! 희창이는 나리님이시다. 앞으로 나리님이라고 불러라.'고 하신 후 먹을 것을 푸짐히 내려주셨지요. 그 후 동네 아이들은 저를 '나리님!'이라고 부르기 시작하였습니다. 왜 어머님께서 소자의 별명을 '나리님!'이라 지어 주셨는지 모를 리 있겠습니까? 그러나 소자의 처지가 그에 미치지를 못하고 평생 동안 불효만 저질렀으니 그것이 늘 부끄럽고 죄송할 따름입니다.

어머님께서 보성 오씨 문중으로 출가해 오신 후 병자는 구월 초엿새 날 술시에 저를 낳으셨습니다. 그때 저를 낳으신 산고를 잊으시고 천하를 얻은 양 기뻐하셨음을 저는 미루어 잘 알고 있습니다. 당시 가문 이을 아들이 급했던 터에 위로 누님 둘을 낳으신 뒤에 제가 세상에 나왔으니 알만하지 않습니까? 강보에 싸여 있을 때 인물이 출중하다고 동네 사람은 물론 원근 일대에 파다하게 소문이 나서 뭇사람들이 저를 보러 오고, 아버님께서는 출타 중에도 저를 보고 싶어 한 걸음에 달려오시어 잠자는 저를 내려다보면서 자리를 뜰 줄 모르셨다면서요.

백일잔치, 돌잔치에 당산할멈 불러 '동방삭이 수명 얻어 조상에는 소분동이 부모에는 효자동이 동기간에 화목동이 입신양명하여 가문을 빛내 주십시오.' 빌고 또 축원하셨지요. 말문 열리고 걸음 걸을 때는 동네 서당 보내시어 천자문, 명심보감 읽게 하시고 책 한 권 다 마치면 훈장님에게 정성으로 채반 올리셨지요. 초등학교 입학 시에는 일제 암흑기로 끼니 걱정하던 어려운 시절이었음에도 불구하고 양복 입혀 가방 메우고, 검정색 운동화 신기어 학교에 보내 주셨습니다. 바지저고리에 짚신 신고 책보 맨 아이들에게는 선망의 대상이요, 황태자 같은 부러움이었지요.

또한 어머님은 검정치마 흰 저고리에 참빗으로 머리 빗어 곱게 쪽진 모습으로 하학 길 구렁고개에 마중 나오셨습니다. 어린 저를 등에 업고 "나리님, 우리 나리님!" 하시며 넘던 그 고갯길이 눈에 선합니다. 저를 업고 어르시던 어머님의 등은 얼마나 넓고 따뜻했는지 모릅니다. 세월이 흐른 지금 어머님의 모습을 보노라면 왜 그렇게 왜소해지셨는지 눈물이 납니다.

어머님!

아버지께서 향년 84세를 일기로 6년 전에 세상 뜨셨을 때 얼마나 어려우셨습니까? 참으로 송구스럽기 짝이 없습니다.

아버님 그려 보면 생각나는 것은 후회막급한 일들뿐입니다. 제가 초등학교 3학년 때 요사이 말로 땡땡이를 치고 나흘간이나 학교에 가지 않고 놀다 온 일이 있었지요. 담임선생님에게 호출 당하신 아버님께서 야단 한 번 치시지 않고 어린 마음이 상처

입을까 두려우신 나머지 장(시골 오일장)에 가신다는 구실을 내세워 저를 학교까지 데려다 주신 일 기억나시는지요.

초등학교 6년 동안 시오리(12km)길을 걸어 다녀서인지 지금도 두 다리 성성하게 건강을 유지하고 있습니다만 당시에 부모님께서는 먼 길 걷는 저를 무척이나 안타깝게 바라보셨지요. 그때 어린 맘에도 공부를 잘 하여 부모님을 기쁘게 해드리고자 했으나 점수가 썩 좋지 못하였지요. 그러나 공부 못한다고 꾸중 한 번 듣질 않았으니 요즘 아이들에 비하면 얼마나 행복하게 자랐는지 알 것 같습니다.

제가 중학생이 되었을 때 아버님께서 세상을 얻으신 양 자랑스레 여기며 의기충천하시던 모습이 지금도 눈에 선합니다. 그 당시 우리 동네에서 처음으로 중학생이 나왔으니까요. 그러나 웬일입니까? 6·25사변이 발발하니 아버님은 산 속으로 피난 다니기 바쁘셨고, 그 난리 중에도 족보를 요약하여 기록한 가승(직계만 적은)을 허리춤에 채워주시고, "만약 혼자 살아남더라도 조상을 잊으면 쌍놈 된다." 하시며 저를 최우선으로 보호하여 주셨지요.

전쟁이 끝난 후 온 나라가 폐허로 변하고 먹고 입을 것 없이 초근목피로 연명하던 그 시절 아버님은 흉흉하고 어려운 가운데에서도 저를 대전에 하숙시켜 주시고 자취방도 얻어 주시면서 중학교를 무난히 졸업할 수 있도록 해주셨습니다. 또한 고등학교에 들어가서는 '브라스 밴드부' 활동을 할 수 있도록 허락해 주셔서 저는 도시에서 남부럽지 않게 멋을 부리며 학창 시절을 보낼 수가 있었습니다.

어머님!

당시 대가족에 소농이었던 우리 집 가정형편으로는 제가 대학교에 갈 형편이 못되었던 것을 잘 알고 있습니다. 소 팔고, 전답 팔아야만 대학에 보낼 수 있음에도 부모님께서는 소자를 '나리님' 만들어 소원을 푸시려고, 당시 아들의 능력도 모르시면서 고려대학교에 원서를 내셨지요. 낙방하고 내려오니 행여 잘못될세라, 기죽을세라, 위로하시며 청주대학교에 가도록 주선해 주셨습니다. 지금 생각해보니 몸 둘 바를 모르겠습니다.

대학에 가면서 저는 고시(高試)병이 들으니 부모님께서는 아들이 판검사 되는 꿈을 꾸시면서 기다리고 기다리시던 세월이 자그마치 7년이었습니다. 그 세월은 부모님께는 더할 수 없는 애절한 갈증과 인고로 얼룩진 형극 같은 기다림이었을 것입니다.

어머님께서는 새벽 첫닭이 울면 조심스레 물동이를 이고 동네 어귀 샘터에 가셔서 정성스레 세수하고 머리 빗으신 후 첫 물을 길러다가 조왕님께 정한수 떠올리셨지요. '우리 아들 고등고시 합격시켜 주십사'라고 절하시며 두 손 모아 빌고 또 빌기를 일곱 해가 바뀌도록 하루같이 염원하셨습니다.

우편배달부가 동네 어귀에 들어서면 소리쳐 불러들여 칙사대접 하셨지요. 제발 우리 아들 합격통지서 가지고 오라고 기원하면서요. 하루는 아버님께서 소자 몸보신을 시키려고 부강 장날 잉어 한 마리 사서 양동이에 물 담아 넣으시고, 한 걸음에 집으로 달려오시면서 '잉어야! 제발 집에 당도하기까지 죽지를 말아다고, 만일 네가 죽으면 우리 아들 고시합격 못한다'고 기원하셨다는 두 분의 주고받는 말씀을 먼발치에서 듣고 가슴이 저려오지 않는 아들이 어디 있겠습니까?

3개월 동안 '월송정' 정자에서 공부할 때 농사철 바쁜 중에도 행여 배고플세라 도시락을 나르셨지요. 논길, 밭길, 시냇물 건너 가파른 산길을 하루도 거르지 않으시고 말입니다.

그러나 어머님!

번번이 낙방하는 소자에게 눈빛 한 번 바꾸지 않으셨고, 꾸중은 더더욱 없으셨습니다. 아버님도 그러셨고요. 제가 4남매를 대학 보내면서 경험해보니 알겠습니다. 아버님, 어머님께서 얼마나 훌륭하시고 고마우신 분인가를 말입니다. 진실로 저희 부부는 부모님이 주신 사랑에 천만분의 일에도 미치지 못합니다.

5·16혁명이 나던 해 현숙한 며느리 골라 성혼시켜 주시고, 제가 7일 만에 군에 입대하자 며느리를 매일 저녁 한 이불속에서 꼭 껴안고 주무실 정도로 끔찍이 사랑하셨다지요. 아들이 고시 붙을 때까지 며느리인 네가 그 뒷바라지해야 한다며 며느리를 서울 필동에 있는 양재학원에 유학 보내시고 양장점도 내주

셨지요. 그 시대 며느리 교육시킬 생각을 어느 시부모가 하겠습니까? 그 덕으로 후일 소자가 공직생활(60~70년대) 할 때 맞벌이를 하여 남보다 먼저 경제적 자립을 할 수 있었으며, 그로 인하여 부정하지 않고 청렴하게 공무에 충실하였습니다. 어머님의 지혜와 선견지명에 그저 고개가 숙여집니다.

어머님! 제가 군대에서 제대 후 고시를 포기하고 2년간 빈둥거릴 때도 두 분께서는 어찌 한마디 꾸중도 나무람도 없으셨습니까? 그리고 원미회사 취직 후 뻔뻔스럽게도 2년 만에 회사를 그만 두고 고향집에 돌아왔을 때에 한마디 원망도 미움도 없으셨습니다. 동네 부끄러워 몸 둘 바를 모르시면 서도요.

아버님, 어머님은 부처님이십니까? 관세음보살이십니까? 세상에 이처럼 하해 같은 너그러움과 무조건적인 사랑으로 감싸 안는 부모님도 드물 것입니다. 남부끄러운 아들 두고, 오랜 치성이 물거품이 되셨으니 그때 얼마다 비참하셨겠습니까? 지금도 그때의 부끄러움이 저를 몸서리치게 합니다.

결국 고양이에게 쫓기는 쥐 같은 심정으로 막다른 골목에 이르러 움켜쥔 직업이 바로 오늘의 교도관이었지요. 68년 2월 8일, 청주교도소 말단 교도시보로 임용되어 보따리 싸가지고 고향집을 떠날 때도 된장, 고추장 등을 구석구석 끼워 주셨지요. 그런 어머님의 모습 속에 감추어진 허탈한 속울음을 소자는 아직도 잊지 못하고 있습니다. 억장이 무너져 내리는 억울함과 분

함의 내연이었겠지요. 자식에 대한 기대와 희망이 송두리째 깨져버려 기가 찰 노릇이었을 것입니다. 그 모습을 잊을 수가 없어 이 날까지 저의 마음 한 구석에 원죄처럼 남아 있습니다.

69년 간부시험에 합격하여 교육을 마친 후 임관하자마자 제 딴엔 부모님을 기쁘게 해드릴 요량으로 금테 모자에 무궁화 계급장을 달고 고향 동네에 들어섰을 때 마을 사람들은 출세했다고들 하는데 어머님께서는 그저 덤덤한 눈빛으로 바라만 보셨습니다. 성이 안차는 그 심정을 왜 제가 몰랐겠습니까?

오히려 아버님, 어머님께서는 제가 서울에 집 장만할 때 더 기뻐하셨지요. 그러다가 제가 춘천교도소장 맡았을 때에야 겨우 마음을 푸시고 "우리 소장, 우리 소장!" 하시며 마치 어렸을 때 "나리님, 우리 나리님!" 하고 어를 때처럼 기뻐하셨지요. 소장실이 어떻게 생겼는지, 내 아들이 근무하는 곳이 어떤 곳인지 보고 싶다며 춘천까지 오셔서 소장 사무실의 소파에도 앉아보고, 의자에도 앉아 소장명패를 쓰다듬어 보셨습니다. 부모님께 모처럼 아들노릇하고 싶어서 소양호 유람선으로 인제를 거쳐 설악산 관광을 시켜드리고자 했으나 "너의 사무실을 보았으니 더 이상 좋은 것이 무엇이겠느냐?" 하시며 고향으로 발길을 재촉하셨지요.

그 후 순천교도소장과 의정부교도소장으로 재직시 두 분 다녀가셨을 때 제 마음도 조금이나마 위안이 되었습니다만, 영등포교도소장 할 때 아버님 돌아가시니 너무나 허전하고 가슴이 텅 빈 것 같아 몇 달이 지나가는 줄도 모르게 황망하였었지요. 소자 나이 들어 환갑인데도 아직 아버님 품을 잊을 수가 없습니다. 그 무릎이 그립습니다. 어머님!

제가 부이사관으로 승진하여 청송교도소장 할 때 머나먼 길 찾아오시느라 차멀미로 고생만 하시었지요. 이제 홀로되신 어머님은 기력이 예전같이 않으시어 좋은 구경도 힘드시니, 왜 좀 더 일찍이 관광 한 번 멋있게 해드리지 못하고, 외식 한 번 제대로 시켜드리지 못하였는가를 후회하고 후회한들 무엇 하겠습니까?

어머님, 정말 죄송합니다. 어머님께서는 '큰 자식 하나 잘 되면 작은 자식 둘은 거저 잘 되고 잘 살게 해주겠지.'라고 기대를 하셨으나, '내리사랑'이라는 말이 있듯이 막상 자식 놈들 가르치고 남혼여가 시키려니 동기간에 베풀지를 못하고 살아왔습니다. 알게 모르게 서운해 하시는 것이 많으실 줄 압니다. 챙기지 못한 점 깊이 뉘우치며 앞으로 돈독한 동기지정을 나누며 살겠습니다.

어머님 아시다시피, 손녀딸 둘은 대학을 졸업시켜 모두 서울대 졸업한 신랑을 만나서 잘 살고 있습니다. 큰손자 승균이는 군복무를 마치고 지금 대학 3학년이지요. 승균이 낳고서 어머님께서는 아들 나오는 문이 열렸으니 내친 김에 하나 더 낳으라고 하셔서 낳고 보니, 그 애가 바로 지금 대학교 3학년인 막내딸 현화 아닙니까? 앞으로 손자며느리 보시고, 막내 손서 보시려면 오래오래 사셔야 합니다.

백수 상수하실 것입니다. 어머님 오래오래 사시는 것은 저희들이 얼마나 극진히 잘 모시느냐에 좌우되며, 그 중 큰 책임이 며느리 손에 달려 있지 않겠습니까? 그러면, 아머님께서는 "아들놈은 어데 있느냐? 팔짱끼고 어데서 또 빈둥대느냐?" 하시겠지요.

어머님! 저 여기 있습니다. 저의 나이 금년 환갑입니다. 금년 말 대전지방교정청장을 마지막으로 명예퇴임 하겠습니다. 어머님께서 그토록 소원하시던 나리님은 되지 못하였습니다만, 이사관 지방교정청장 한 것으로 반에 반이라도 푸십시오. 부모님 정성과 사랑이 없었다면 어찌 제가 온전한 인간이 될 수가 있겠으며 자손이 잘 되겠습니까? 이제 소자가 애들을 길러 보니 부모님 은혜가 바다 같음을 다시금 느낍니다.

은혜를 아는 것이 지은이요, 느끼는 것이 감은이요, 감사하는 것이 사은이요, 은혜에 보답하는 것이 보은이라 했거늘, 소자 이를 사려 깊게 살피지 못하고 흉내만 낸 듯싶습니다. 사람이 사람답다는 것은 은혜를 알고, 느끼고, 감사하며, 보답할 줄 아는 것이요, 이것이 바로 효의 실천이며, 효는 덕지본(德之本)으로써 모든 덕의 근본이 된다는 효경의 가르침을 되새기며 새삼 부끄러움을 숨길 수가 없습니다.

어머님! 퇴임 후 어머님 곁에서 며느리와 같이 잘 모시겠습니다. 어머님! 너무 너무 감사합니다. 이 모든 것이 어머님 덕분입니다.

(96. 10. 13)

환갑 신혼여행

오늘은 하늘이 높다. 파란 비라도 금방 쏟아질 듯 푸르다. 길섶에는 만개한 코스모스가 가냘프게 긴 목을 내밀어 하늘거린다.

빨간 티코와 너무도 잘 어울리는 꽃길을 달려 김포공항 국내선에 도착하였다. 가방을 들고 내리는 아들과 꼬마자동차 운전사인 딸 뒤를 따라 청사에 들어섰다.

'환갑'을 맞아 시집간 두 딸과 사위 그리고 대학생 아들과 막내딸이 그동안 우리 내외를 위해 준비해온 여행을 떠나는 순간이다. 우리 내외를 해외여행 시켜주기 위하여 자식들이 여러 해 동안 저축하면서 준비해온 것을 눈치챈 것은 1개월 전이었다.

환갑잔치를 하느냐, 아니면 여행을 가느냐는 결정을 하여야 할 때가 가까워 오니 전화통에 불이 난다. 시집간 딸들이 더 극성이다. 동기간들도 문의하는 전화가 심심치 않았다. 요사이 환갑잔치를 하는 예가 그리 많지 않으니 조용히 넘기겠다니 난리들이다. 마침 공무원의 해외여행 자제하라는 지시도 있고 늘 그래 왔듯이 언제 무슨 일이 닥칠지 모를 자리에 있는 사람으로서 망설여지는 것은 당연한 일이다. 시달림의 시간이 흘러 귀 빠진 날 1주일을 남겨놓고 보니 무엇인가 결정을 해주어야겠다 싶어 다음 주 일정을 보니 휴가를 방해할 만큼 큰일은 없다.

하여튼 기분 좋은 날이다. 트랩에 올라 나란히 앉아 있는 마누라의 옆얼굴을 보니 과히 싫지 않은 눈치이다. 손을 꼭 잡아주었다. 다른 손이 잡은 손 위를 덮는다. '이심전심이 바로 이런 것이구나.' 하는 생각이 든다. 다른 말이 필요 없었다. 비행기가 이륙 준비라인으로 서서히 움직이는 소리가 들리고, 이윽고 발진하는 굉음과 함께 하늘로 치솟는다. 덩달아 나의 기분도 상승한다. 아! 이게 몇 년 만인가! 부부가 함께 비행기 여행이라니! 꿈만 같다. 공직생활 30년을 쫓기듯 살아오면서 상상도 못했던 일이 눈앞에 전개된다. 온갖 상념(想念)들이 주마등처럼 스친다. 특히 결혼한 시절을 회고(回顧)해 본다.

우리 같은 가을 세대들, 특히 '만추의 세대'는 그 당시에 형편 좋은 사람들이나 온양온천, 유성온천으로 신혼여행을 다녀왔을 뿐이다. 우리에겐 그런 호사도 없었다. 겨우 처갓집에서 술에 취해 첫날밤을 세우고 집으로 돌아온 후 3일 만에 다시 처갓집에 다녀오는 것으로 결혼 행사는 끝이었다.

이런 아쉬운 추억 때문일까?

우리 부부는 약간은 흥분되고 설레는 마음이다. 사위를 둘씩이나 보고 외손자까지 둔 사람이 이 무슨 망발이냐 할지 모르나 우리는 아름다운 '환갑 신혼여행'을 꿈꾸는 것이다. 이번 여행 중에 말이다. 기내에서는 벌써 랜딩을 위하여 바퀴 빠지는 소리, 생명줄 매라는 코멘트가 동시에 들린다. 이제 꿈에 그리던 제주에 왔나보다. 사실 제주도에는 74년 교정과에 있을 때 정용세 선배님을 반장으로 모시고 순회점검 온 후 처음이다. 당시 용두암, 정방폭포, 5·16도로가 지금까지 기억에 남아 있을 뿐이다.

리무진 버스로 호텔신라에 이르는 동안 도로변 가로수와 돌담 가까이 있는 비산비야 그리고 먼 산들이 눈에 들어온다. 길 가까이 있는 것들은 순간순간 스치고 멀고 더 멀리 있는 산은 느릿느릿, 아니 태산처럼 부동의 자세로 다가온다. 참으로 기막힌 절경들뿐이다. 어느덧 중문단지 내 여러 호텔을 스쳐 지나 예약된 호텔 정문에 도달하니 도어맨이 가방을 받아 끈다. 프런트에 접수를 하고 767호실에 들어서서 창문을 열고 발코니에 서니 바로 눈앞에 쪽빛 바다가 펼쳐진다.

저 멀리 마라도가 보인다. 이제 쪽빛 잔디밭을 거닐면서, 뛰면서, 쉬면서, 또 달리면서 마라도에 핀 한 송이 꽃을 따러 갈 것이다. 벤치에 앉아 꿈에 취하여 있는데 마누라가 옆에 와 섰다.

"여보! 경치가 참 아름답구려!" 하는 소리에 움칫 놀라 깨고 보니 현실. 그러나 그 역시 아름답긴 마찬가지다. 옷을 갈아입고 무작정 택시를 탔다. 1초가 아까운 생각이 들었기 때문이다. 택시기사의 안내로 중문 관광단지에 있는 여미지식물원에 들렀다. 아열대 식물들이 꽉 차 있었는데 큰 잎이 달린 나무 옆에는 작은 잎나무, 키가 큰 나무 앞에는 작은 나무가 어우러져 있었다. 아름다운 자연의 신비와 조화를 좁은 공간 속에 축소 연출한 느낌이다.

'초가을 세대' 부인들로부터 '늦가을, 초겨울 세대' 부인들의 재잘거림과 깔깔댐이 보는 즐거움을 한껏 북돋워 주었다. 안내 화살표를 따라 천천히 그야말로 여유 있게 마누라 손잡고 거닐고 싶은데….

단체관광 부인네들, 외국인들의 바삐 돌아가는 흐름 속에 휩싸이는 것이 못내 아쉬웠다. 선임교에 이르러서 옆에 따라 붙은 나의 선녀와 손잡고 여유롭게 건너니 천상에서 내려온 들러리 선녀들이 양 옆에서 천상악기로 풍악을 울리는 것 같아 즐거웠다.

천지연 폭포 개울바위에 걸터앉아 내리 쏟는 물줄기를 바라보는 맛도 일품이었다. 다만 물에 발 담그고 물장구치지 못하는 것이 아쉽다면 아쉬웠다.

외돌개에 들렀을 때 나는 마누라와 둘이서 어둠이 젖어드는 산책로를 따라 좀 호젓하게 거닐며 둘만의 시간을 즐길 수 있었다. 그곳에서 할망, 하르방 바위를 보고 돌아 나와 택시기사가 안내하는 식당에서 옥돔을 곁들인 해물 된장탕 백반으로 허기진 배를 채웠다. 이미 해는 지고 별빛이 바다를 수놓고 있었다. 가로등 밑에 서 있는 택시가 있어 타고 보니 식당을 안내한 그 기사다. 어찌된 일인가 하고 물으니 식사 끝나는 시간 맞춰 한탕하고 오는 길이란다. 요령이 있어 보이는 젊은이다. 다음날 관광 안내기사가 되어 줄 것을 약속 받고 호텔로 돌아왔다. 작은 딸 주현이가 여행 가방을 너무도 알뜰하게 챙겨준 덕에 룸서비스 용품 중에는 필요 없는 것이 많았다. 이를테면 잠옷을 비롯하여 치약 칫솔 등 말이다. 야무진 딸임을 실감할 수 있었다.

학교 졸업 후 직장도 스스로 구했고, 여직원 중 '빅 쓰리'라는 말도 들었을 만하다는 생각이 들었다. 한마디만 더 하겠다. 용돈 100만원을 신권으로 챙겨주면서 멋있고, 품위 있고, 다정하게 모두 다 쓰고 오시라는 주문까지 할 정도다. 물론 그 돈은 제 언니와 공동부담이겠지만….

커피 한 잔을 나누고 있는데 전화벨 소리다. 마누라가 전화를 받는데 큰딸 같다. 또 그 얘기다. 돈 남기지 말고 다 쓰고 오라는…. 첫딸은 살림 밑천이라고 집안 대소사 꼼꼼이 챙기고, 기념문집을 발간한다 하니 '가족 문예란'도 만들자며 기뻐하던 큰딸 윤주가 이번 여행계획도 알뜰히 세워 우리를 기쁘게 하더니 못미더워 전화로 확인을 한다.

다음 날은 한라산 등반 계획이다. 혹시 날씨가 어떨까? 걱정

되어 뉴스를 열심히 보았으나 그리 염려할 필요는 없을 것 같다. 잠자리에 들었으나 영 잠이 오지 않는다. 침대와 베개가 너무 푹신하고 부드럽기 때문이다. 마누라도 마찬가지인 듯하다. 자는 둥 마는 둥 아침을 맞으니 어제의 낮의 풍광(風光)하고는 사뭇 다른 맛으로 다가선다. 여명에 어우러진 바다, 호텔 정원수를 부드럽게 감싸 안는 뿌연 안개, 수영장, 전망대, 산책로 등 그야말로 한 폭의 수채화이다. 한식당에서 해장국을 먹는다. 주위를 살펴보니 연꽃 병풍, 물고기 노는 병풍이 알맞게 배열되고 있고, 예쁜 아가씨들의 정갈한 서비스를 받으니 밥맛이 절로 난다. 체면상 밥 한 공기 더 달라는 소리가 나오질 않는다. 환갑날 아침에 미역국을 먹지 못하여 아쉽기는 하다.

약속된 택시를 타고 한라산 영실에 도착했다. 등반길에 오르는데 우리 앞에 사람이 없다. 약간은 쌀쌀한 날씨인데다 적막하기까지 하였다. 그렇다고 물러설 수는 없다. 전진을 계속하였다. 한참 오르다 보니 한두 사람이 앞서가는 소리가 들린다. 햇살이 풍부해지니 날씨가 따뜻해졌다. 가을 단풍은 설악산이 제일이며 금산사가 제일 곱다는 말은 들었으나 나는 모를 일이다. 왜냐하면 가보지 않았기 때문이다. 어쨌든 한라산 단풍도 아름답기는 마찬가지라는 생각이 든다. 더구나 500 나한바위(일명 장군바위)가 도열하여 교정청장 행차에 스타마치 부른다고 상상하니 신나고 즐거웠다.

1,750m 고지에 이르니 웬일인가? 산 위의 평원이다. 등산로에 나무판자가 깔려 있다. 국빈 방문시 빨간 융단을 깔아놓은 것과 다름이 없다. '나는 마누라와 국빈자격으로 500장군의 사열을 받으며 탐라국 왕성에 들어가는 것이다.'라는 망상에 젖으니 그 또한 즐겁지 않을 소냐! 휴식년제 실시로 더 이상 정상에 오를 수 없는 것이 아쉬웠다.

하산 길에 마주치는 많은 선남선녀들과 인사를 연발하면서 내려오다 보니 어느덧 출발점 그 자리였다.

점심을 꿀맛같이 먹고 다시 선착장으로 갔다. 마라도행 '송악1호'가 시원스럽게 물살을 가른다. 마라도에 다다르니 통신공사 직원, 순경 아저씨, KBS방송 안테나가 보이고 민가 몇 채와 기원정사, 장로교회가 있다. 그러나 내가 찾던 그 꽃은 보이지 않는다. 마음속에 있는 꽃을 예서 찾다니….

마누라는 절을 향해 잰걸음이다. 절을 보고 지나치지 못하는 나도 같이 대웅전에 들어서서 합장향불하고 오체투지 3배, 고두레를 마치고 나왔다.

되돌아오는 출항시간에 맞추어 가까스로 승선하니 금세 출발이다. 단체 부인들이 노래방 기기에 맞춰 춤추고 흔들며 노래한다. 율동이 하나같이 잘 어울린다. 돌아오는 길에 산방굴사를 본 후 용머리를 땅 위에서 내려다보니 별것 아니다. 갈까 말까 망설이다가 '이때가 아니면…' 하는 생각으로 해안선을 따라 용

머리를 한 바퀴 돌아보니 장관 중의 장관이다.

멍게, 해삼, 문어 등 회 한 접시에 소주 몇 잔을 마셔도 취하지 않는 것이 이상하다.

“당신 소주 한 잔에도 얼굴 빨간데 웬일이유?”

마누라가 신기한 듯 던진 말이다.

안덕계곡에 들어서니 어느덧 어두움이 산자락을 덮는다. 부지런히 둘러본 후 숙소로 돌아오니 총지배인 명의로 케이크(生日祝賀)가 놓여 있다. 이제 1996. 10. 17(음 9. 6.)이 나의 환갑날임이 실감난다. 그냥 넘길 일이 아니다. 냉장고에는 샴페인 한 병이 있다. 마개를 터트리니 경쾌한 축포가 터지고 박수가 거품되어 튄다. 마누라의 박수소리가 우레와 같다. 아마도 마음으로 치는 박수인가 보다. 쨍! 하고 건배하는 샴페인 잔에 사연 많은 우리의 과거가 담겼다. 눈물이 핑 돈다. 행복하다. 출발 시 비행기 안에서 무엇인가 잡힐 듯한 생각이 들었는데 바로 ‘이것이었구나’ 싶다.

18일 아침이다. 저녁에 내린 비가 호텔 뜨락을 산뜻하게 적셨다. 바다 끝 저 멀리 먹구름이 일어난다. 이슬비가 내린다. 우산을 펴들면서 꼼꼼히 챙겨준 주현이 생각이 난다. “여보, 갑시다!” 우리는 해변 이르는 계단을 하나, 둘 밟으며 내려갔다. 마침 이슬비도 걷히고 아무도 지나간 흔적이 없는 백사장을 밟을 수 있었다. “아! 이런 일이 우리에게도 있구나. 젊은 연인들만의 특허

품은 아니구나."라는 생각이 든다. 양말을 담은 신발을 손에 들고 계단을 다시 밟으며 오르는데 "여보, 우리에게서 태어난 아이들은 악연은 아닌가 봐요. 위로 두 딸은 신랑들을 불교서클에서 만나니 종교문제 해결되고 서울대 졸업생들이니 앞날을 기대해 볼 만하지요. 이제 아들과 셋째 딸도 분수 지키면서 과대표로 활발한 학창 생활을 보내니 기대할 수 있잖아요? 글쎄 승균이가 봉투를 주면서 영문 번역료인데 머리로 벌은 돈이니 큰돈으로 알고 받아 주세요. 하지 않겠어요. 열어 보니 10만원이 들었어요. 이만하면 어때요. 3학년 재학생치고는 쓸 만하지요." 마누라 말을 듣다 보니 233계단을 다 밟고 올라왔다. 수돗가에서 발 씻고 신발 신으니 시장기가 든다.

오늘은 성산 일출봉, 한림공원, 용두암 등등 돌아본 소감은 끝이 없겠다. 한마디로 '삼천리 반도 금수강산'이다. 곳곳이 처처가 기기묘묘하며 아름답고 장엄하다. 이 땅에 태어난 것을 감사한다.

19일 14 : 45분발 KAL기로 김포에 도착하니 큰사위가 연가를 내어 식구들과 거제도에서 천릿길을 멀다 않고 달려와 기다리고 있다. '놀토'인 작은딸과 사위, 아들과 막내딸 모두 나와 기다리고 있는 것 아닌가? 집에 도착하니 어머님께서 '재미 좋았냐?'며 먼저 위안의 말씀을 하신다. 떠날 때도 노모를 남겨 놓기가 힘들었는데, '내 걱정 말고 잘 다녀오라'는 당부 말씀이 간절하셨던 어머님이시다. 너무 죄송하다.

잠시 짐을 정리한 후 안방에 들어오니 꽃바구니 2개가 놓여 있다. 맏사위 회사의 사장님과 나의 직속상관 박순용 님이 보낸 것이다. 자상하고 따뜻한 마음 씀에 고맙기 짝이 없다. 여행은 끝났다. 이제 저녁 만찬순서가 남아 있나보다

그러나 붓을 놓으면서 제(題)를 '환갑 신혼여행(還甲新婚旅行)'이라고 한다면 '가을세대'의 망령이라고 할까? 적이 걱정스럽다.

(96. 10)

3.

낙엽을 보면서

어느 토요일 오후의 소사(小史)

주말은 결혼식에 참석하러 가는 날이 많다. 오늘도 재종질녀(再從姪女) 결혼식에 참석하기 위하여 모처럼 아내하고 집을 나섰다. 전철역까지 약 1㎞ 정도 개나리가 늘어진 길을 걸어가면서 대화다운 대화를 하였다. 전동차를 타고나서는 승객들 사이에 서고, 앉고 가는 바람에 침묵으로 일관하다가 양재역에 내려 불현듯 안주머니를 뒤져보았다. 아차! 축의금 봉투가 보이지 않는다. '장가가는 사람 무엇 떼어놓고 간다'더니 내가 지금 그 짝이다. 옆에서 지켜보던 아내도 역시 당황하는 빛이 역력하다. 집으로 전화를 한다. 딸애와의 통화에서 탁자 위에 봉투 2개가 있다는 말을 들은 아내, "또 깜빡했구려! 집에 있답니다."

나는 숨을 고르고 나서 '금방 한 일 깜빡하기' '핸드폰 등 소지품 놓고 나왔다가 다시 집으로 돌아가기' 등이 잦아 치매 초기

증상은 아닌지 불안한 생각이 든다. 하여튼 근처 국민은행 현금 지급기에서 예금을 인출하고, 예식장에 가서 봉투를 얻어 접수를 마치니 결례를 면한 안도감에 긴장이 풀린다. 허둥댔던 연유를 변명하고 싶어 자초지종을 혼주에게 말하니 주변에 있던 친척들이 박장대소다.

오랫동안 보지 못했던 동기간들의 반가운 얼굴을 보고, 안부를 묻는 즐거움과 위안이 제법 쏠쏠하다. 물론 친구자녀 혼사에 동참하면 동창, 직장관계 등으로 인연을 맺었던 선후배, 까맣게 잊거나 생각지도 않은 친구들을 만나 왁자지껄 떠드는 맛도 괜찮다.

결혼식 청첩장을 받을 때는 '고지서'를 받는 기분이 약간은 없지 않으나 참석하고 보면 나를 다시 확인하는 기회로 보람을 느낀다. 낯익은 얼굴이 보이지 않으면 입원하거나 피안으로 긴 여행을 떠났다는 소식을 듣는다. 그럴 땐 허전해진다. 그러나 아는 사람을 만나 서로 부담 없이 정을 나누는 것은 삶의 활력소로 작용한다.

오늘은 나이답지 않게 젊은 기분을 솟구치게 하는 사람을 만났다. 사춘기인 중3 시절 연애편지 심부름을 곧잘 해주던 재종누님을 만난 것이다. 큰댁은 딸부잣집인데 5자매 중 3번째로 심성과 외모가 가장 뛰어났다. 어릴 때 보아도 아름답고 우아해 보였다. 아마도 이성에 대한 눈을 뜨게 한 첫 번째 여인이었을

지도 모른다. 나는 호감을 갖고 따랐고, 그 누님은 날 곱게 봐주고 가끔은 여학생도 소개해주면서 연서(戀書)전달업무도 성실히 해주었다. 대학교수에게 시집가서 아들 딸 낳아 시집장가 다 보내고 지금은 손자 재롱을 받는 유복한 할머니가 되었다. 그 누님과 맨 앞줄에 앉아 결혼식을 지켜보고 피로연에도 동참하여 식사를 즐겁게 마친 후 아내는 집으로, 그 누님은 청주로 가고 나는 3호선을 타고 두 번째 식장인 독립문 근처 영천교회로 가는 중이다.

전동차를 타고 보니 경로석이 비어있어서 앉았다. 옆자리 노인이 스포츠신문지면에 있는 글자 맞추기를 열심히 하고 있다. 기분이 상기된 나로서는 말을 건넸다. "잘 맞습니까?" 귀찮은 표정으로 "안경 없이 보려하니 안됩니다." "안경을 잊었나요?" "화장실 세면장에 놓고 나왔다가 다시 찾으러 갔을 때는 이미 없어진 후였어요." 40만원을 순식간에 날렸다면서 못내 서운한 기색으로 이야기를 한다. "우리 나이에 40만원이면 큰돈인데 혹 딸이 있으면 챙겨줄지 알아요. 나는 딸들이 신발이며 옷가지 등을 잘 사줍디다." "저나 잘살면 됐지 기대하지 않습니다."

이렇게 말문이 터지자, 나이, 전직 등 이야기를 서로 주고받다가 대학을 마치고 58년 군에 가서 겪었던 실화를 구수하게 쏟아낸다. 논산훈련병 시절 취사장에 밥을 타러갔다가 국 속에 쥐가 있는걸 보고 그 쥐를 갖고 연대장실로 뛰어 들어가 항의소동을 벌인 일, 포병대대에 배치 받아서 근무 중 기름 팔아먹던 상사들과 후생사업을 명분으로 벌목을 하여 후방으로 실어다가 팔아 챙기는 장교들을 보다 못해 국회에 진정한 일, 군수물자를 빼돌려 팔아먹는 4종계 장교들 때문에 군복을 덕지덕지 손바느질로 기워 입었고 휴가 갈 때는 모자, 군복, 양말, 군화에 이르기까지 빌려 입고 나왔던 일, 주·부식을 떼어먹는 놈들 때문에 콩나물이 수영하는 국에 밥 한 숟가락으로 허기를 채운 일 등 그야말로 끝없이 이어지는 50년대 군 내부의 부패와 사병들의 비참한 생활참상을 진지하게 이야기하였다.

나는 어찌 보면 5·16 군사혁명은 적기에 일어나 부패 고리를 끊는데 기여했다고 말했다. 그는 5·16이 없었으면 공산화되었다. 내가 경험한 바로는 하루저녁에도 북괴군이 군사분계선을 넘어와 아군의 목, 귀 등을 따간 것이 부지기수라 할 정도로 군의 장비·보급·급식 등 말이 아니어 사기가 땅에 떨어져 있었다. 김일성 군대가 남침만하면 먹힐 수밖에 없었다고 힘주어 말한다. 나는 그때 국민들의 생활상이 비참하였고, 간첩이 우글거렸으니 그 말도 일리가 있다고 했다. 그는 '박대통령은 매일 창업 현황판을 보면서 독려했고, 기존기업은 몸집불리도록 적극 지원하는 등 민족자본을 육성하여 가난을 벗으려고 애를 쓰신 분'이라 강조한다.

그는 고시 실패 후 무역업에 종사하였다면서 '당시 수출품은 김이 일본에 수출하는 대표상품이듯, 농·수·축·광산물 등 1차 상품이 대부분으로 연간 일만불 수출업체가 별로 없었다. 수출제일주의를 내건 정부에서는 수출목표 일백만 달러를 달성하자 관민이 눈시울을 적셨다'는 말도 한다. 나도 쉽게 공감하는 부분이 많았다. 또 체제저항운동이 거칠어질 때 집안 학생이 거처하고 있는 방을 며칠 동안 해맨 끝에 찾아내어 3중 4중으로 잠근 자물쇠를 부수고 들어가 보니 김일성·DJ초상화가 나란히 걸려있는 것을 보고 놀란 일하며, 그들이 긴급조치세대·386세대로 현재 사회각계각층의 지도층의 일부를 점하고 있다고 자세히 말한다.

나는 "우리나라 사람들도 서구사람들처럼 자서전쓰기 일기쓰기를 하면 좋겠습니다. 선생께서도 한평생 겪은 일을 자서전으로 남기시지요. 기록을 많이 남기는 민족이 문화민족입니다. 자서전은 살아있는 역사거든요. 꼭 자서전을 남기도록 하세요. 이를 거창하게 생각하는데 매일 쓰는 일기를 모아 정리하면 바로 훌륭한 자서전입니다."라고 진지하게 당부하였다. 반응은 시원치 않았다. 어느덧 전동차는 독립문역에 미끄러지듯 도착하였다. 진지하고 실감나는 대화를 중단하고 하차할 수밖에 없어서 서운하였다. 그의 외모는 황토 빛 한복상의에 머리는 뒤로 모아 질끈 동여 멘 폼이 도인의 모습이었다. 갑술생이고 심장이 좋지 않으며 젊은이들의 예절에 벗어나는 행동은 그냥 지나치지를 못하는 성품이라는 것. 일산에 사는데 매일 3호선을 타고 남한산성에 가서 생수를 받아다가 먹는다는 것. 심장 등 건강이 좋아지고 있다는 것 등을 말했다.

영천교회에 이르니 식당으로 안내한다. 나는 식사 후라 생각이 없었으나 사람들과 만난다는 기쁨에 식당에 들어서니 대부분 현직에서 물러난 직장 선후배들로 꽉 차있었다. 뷔페식단에서 음식을 담는 사람, 앉아서 식사하는 사람, 식후 커피를 드는 사람, 웃는 사람, 떠드는 사람, 악수하는 사람, 조용조용 이야기하는 사람 등 각자의 성품에 따라 잘도 어울린다.

이것도 사람 사는 모습일 터! 이 시대 역사의 한 토막인 것을…. 평소 우리의 삶이 역사로 남는다는 생각으로 사는 국민이 많으면 많을수록 희망찬 미래가 보일 것 같다.

서산대사는 '踏雪夜中去 不遂胡亂行(답설야중거 불수호란행) 今日我行蹟 遂作後人程(금일아행적 수작후인정). 눈 쌓인 들을 지날 때에는 모름지기 함부로 걷지 마라. 오늘 우리가 남긴 발자국은 후세사람들의 길이 될 것이'라는 시를 남겨 역사의식을 갖고 반듯하게 살라고 가르쳤으니….

(05. 4.『문학공간』)

그것이 문제로다

요즈음 '얼짱' 열풍이 불더니 남녀노소를 가리지 않고 잘난 얼굴을 소원하다 못해 아예 뜯어고치기까지 한다. 한동안 언론에 지존(至尊)의 모습이 보이지 않더니 쌍꺼풀 수술을 하였다고 한다. 마마도 따라서 한 모양이다. 지체 높은 분이 성형수술을 하니 민초들 사이에도 유행병처럼 번질 참이다. 이제 타고난 본래의 얼굴, 자연스런 표정을 찾아보기 힘들어지고 민족의 얼굴 원형마저 변질될 것 같아 두렵다.

부모로부터 받은 몸을 소중히 하는 것이 효행 중에 으뜸으로 치던 시대는 머리카락 한 올도 함부로 하지 않았다. 아무리 시대가 바뀌었다하나 인격의 표상인 얼굴을 바꾸고 고쳐도 되는지 깊이 생각할 문제이다.

얼굴은 신체의 작은 부분이지만 표정의 변화과정이 많고 복잡하다. 구조를 보면 얼굴모양을 받쳐주는 비골, 광대골, 상악골, 하악골이 있다. 눈, 코, 귀에 각각 한 쌍의 구멍이 있고 입을 합하여 7개의 구멍이 있다. 털은 눈썹과 수염이 있다. 이런 것들을 모두 감싸고 있는 수많은 작은 안면근육이 이목구비 등을 움직이고 표정을 연출한다. 그밖에 저작운동을 하는 저작근육이 있다.

특히 안면근은 사람의 감정변화에 따라 여러 가지 표정을 연출하므로 표정근이라고도 한다. 표정은 정의의 지속적, 순간적 변화로 만들어진다. 그리고 마음의 상태와 직결되어 있어 얼굴의 여러 부위는 개인이나 민족의 성품을 반영한다. 오랜 전란에 시달린 민족은 지친 모습에 표정이 없고, 역경을 극복하고 발전하는 민족은 신중하고 슬기로우며, 좋은 환경에서 평화로이 사는 민족은 명랑 쾌활하다. 얼굴은 이와 같이 개인의 생활·자연·사회 환경과 생리·지역·시대·역사적 배경에 따라 모습이 다르다. 따라서 '얼짱'의 기준도 다분히 주관적이기 때문에 매우 다양하다.

인간의 터무니없는 욕망은 머리카락을 형형색색으로 물들이기, 빳빳하게 풀 먹이기, 곱슬머리로 부풀리기 등 특이한 머리모양을 연출하고 각종 고리 걸기, 구슬 붙이기로 시선을 끌려고 애를 쓴다. 그러나 이것들은 어느 정도 원상회복이 가능하지만 얼굴을 깎아내고 잘라내고 붙이고 떼어내고 삽입하고 문신한 경우는 다르다. 미세하고 많은 표정근들이 본래의 자리에서 제 기능을 다하지 못하니 자연 한정된 모습의 '마네킹 얼짱'이 되고 만다. 다시 말하면 성형수술을 아무리 기술적으로 완벽하게 하였을지라도 마음의 상태와 직결되어 있는 표정근이 자연스럽기는 한계가 있다는 말이다. 그래서 성형수술을 반복하다가 마음에 차지 않아 좌절하여 끝내는 목숨을 꺼버리기도 한다.

설사 '오리지널 얼짱'이어도 정서가 불안하고 생각이 건전치 못하고 성품이 거칠고 매서우면 안면근은 굳어져 제 모습을 찾을 수 없이 험악한 얼굴로 변한다. 하물며 '마네킹 얼짱'에서의 순수한 표정을 기대하기란 영원히 불가능한 일인지도 모른다.

화무십일홍(花無十日紅)이라 했다. 미스코리아, 미스터코리아라 한들 세월이 흐르면 근육이 처지고 주름과 검버섯이 생기며 허리는 구부러진다. 이는 성형수술로도 감당할 수 없다. 그리고 지금은 개성시대이다. 자신의 얼굴에서 자기만이 갖고 있는 개성을 찾아 가꾼다면 누구도 흉내낼 수 없는 고유 브랜드가 되는 것이다.

떳떳하고 멋지게 살자. 일란성 쌍둥이를 제외하고는 같은 얼굴은 없다. 아니 일란성 쌍둥이도 자세히 관찰하면 똑같다고는 할 수 없다. 마음을 갈고 닦는 것이 성형수술보다 은은하고 기품 있는 아름다운 얼굴을 만들어낸다. 이런 얼굴만이 세상을 밝고 맑게 할 것이다.

'마의상서'에 '상호불여신호 신호불여심호(相好不如身好 身好不如心好)'라는 말이 있다. '잘생긴 얼굴은 좋은 몸만 못하고 좋은 몸은 좋은 마음만 못하다'는 뜻이다. 얼굴 가꾸기에 쏟는 정성의 절반이라도 마음 다스리기에 쓰면 태산처럼 안정된 마음으로 하여 얼굴은 맑고 빛난다. 이런 얼굴을 보는 사람의 마음도 편안하고 행복해진다.

탐욕과 어리석음을 떨쳐버리고 화를 내지 않는 일, 자기성찰에 게으르지 않는 일, 봉사하고 나누어 쓰는 일을 하다보면 자연스럽고 맑은 얼굴이 되어 세상의 꽃이 될 것이다. 지금은 선인이 되었지만 주름진 얼굴에서 따뜻하고 평화롭고 자비스러움이 묻어나던 할아버지, 할머니가 그립다. 하늘같이 높고 훌륭하게 보였던 글방 훈장선생님 하며 동네 어른들의 모습이 떠오른다. 그리고 옛날 성현, 군자의 용모와 성군(聖君)의 용안(龍眼)이 보고 싶다.

평생 가꾼 '얼굴' 한순간에 사라지고 한때라도 갈고 닦은 '마음' 영원한 보배로다. 누구나 가지고 있는 마음을 갈고 닦아 보배로 쓸지 말지는 자신에게 달려있다. '얼짱'이냐 '맘짱'이냐 그것이 문제로다.

(05. 4.『문예사조』)

오늘은 즐거운 날

주민등록증 사진이 알아볼 수 없을 정도로 변해서 제시할 때마다 갱신하도록 권유를 받은 일이 있다. 위·변조한 사실이 없는 나로서는 전적으로 발급관청의 부주의, 기술부족에 기인한 것이라는 생각이 들어 계속 사용하였다. 그러나 주민등록증을 볼 때면 마음이 상한다. 내가 바로 다른 사람이 아니고 '나'라는 증명인데, 사진이 변했으니 누가 주민등록증하고 같은 사람이라고 보아줄 것인가. 나는 이 지구상에 살고 있지만 대한민국 국민이라는 확인과 대우를 받을 수 없다.

무덥고 소나기 퍼붓는 8월 17일 아침. 아들의 주민등록등본이 필요하다는 전갈을 받았다. 하릴없는 내가 동사무소에 갈 참이다. 동사무소는 나의 집에서 가까운 거리에 있어서 편안한 복장으로 핸드폰만 챙겨 바지주머니에 넣고 동네 마을가듯 가볍게 나섰다. 우선 아들의 등본 2통을 발급받았는데 수수료가 700원이란다. 주머니를 뒤져보니 500원뿐이다. 여직원이 힐끗 쳐다보면서 "다음에 꼭 챙겨주세요" 한다.

이어서 주민등록증 갱신 창구에 가서 재발급 신청서를 작성하고 사인을 하여 제출하니 "사장님이신가 봐요. 주로 사인으로 일처리 하는 것 같아서요. 만년필도 좋고요" "이 만년필 명품입니다. 몽블랑인데요, 약50만원 갑니다." 또 객기가 도진 모양이다. 묻지도 않는 말을 하다니…. 속으로 자중해야지 다짐을 하는데 여직원은 나의 엄지손가락을 잡고 지문을 채취한 뒤 쓰던 주민등록증을 달라고 한다. 새 것이 나올 약 2주일 동안은 임시 증명서를 준단다.

나는 경로대우를 받으려면 주민등록증을 수시로 사용하는데 증명서(A4용지)가 커서 휴대가 불편하고, 갱신사유가 전적으로 발급기관에 있으며 민원인이 갱신절차에 소요되는 부담(시간·경제) 등을 고려 새 등록증 교부시 헌 등록증을 회수하면 이와 같은 불편을 해소할 수 있지 않느냐고 조용히 제의한다. 규정이 그렇다는 대답이다.

"공무원들은 규정에 너무 얽매이는 경향이 있어요. 합리적 대안을 제시하면 수용, 개선하려는 의지가 약한 것 아닙니까." 하면서 체념을 하니 그제야 "그리해 보겠습니다." 한다.

'오늘은 좋은 날'이라는 말이 나의 입에서 자연스럽게 튀어나온다. "왜요" "나의 뜻을 수용해주니까요. 그리고 수수료 잔액 200원도 징수유예를 해주는데요." 방그레 웃는 그녀를 뒤로 하고 돌아오는데 천둥번개가 요란한 가운데 소나기가 퍼붓는다. 나는 양천공원 정자로 달려가 난간에 걸터앉는다. 비 오기 전부터 와서 놀았지 싶은 중년부인들 6~7명이 나를 보고 비가 들이치니 올라오라고 환대한다. 나는 얼굴에 흐르는 빗물을 손으로 훔치면서 올라앉는다. 곧 그칠 것이라 생각한 비는 계속 퍼붓는다. 나는 무료한 김에 "비를 맞고 들어오는 손님에게 수건을 내주는 것이 예의 아닌가요." 하니 그들이 깔깔거리고 웃는다. "어찌 여인네 손수건을 외간 남자에게 준단 말입니까." 이순이 지났을 법한 여인이 되받는다. 이런저런 이야기 끝에 하늘을 보니 터진 구름 사이로 햇살이 찬란하여 집으로 돌아왔다.

"동사무소에서 핸드폰 가져가라는 전화 왔어요." 아내의 말이다. 나는 핸드폰의 행방이 묘연하여 속을 끓이던 차 반갑기 그지없다. '좋은 일'이 하나 더 생긴 셈이다. 나의 작품집을 갖고 동사무소로 갔다. 강선희님께 서명을 하여 큰 고마움에 작은 감사를 전하였다.

"오늘은 좋은 일이 세 번이나 겹친 날입니다."

공무원들이 '국민을 즐겁도록 봉사하는 시대'에 살고 있다는 생각에 돌아오는 발걸음이 가벼웠다. 오늘은 '참 즐거운 날'이다.

(04. 7. 양천구청 홈페이지)

위선기(爲先記)

나라에 어려운 일이 있을 때마다 선친께서는 족보를 요약한 가승(家乘)수첩을 챙겨주시면서 "조상을 잃어버리면 상놈이 된다." 라고 일러주시곤 하였다. 6·25동란시 허리춤에 차고 피란하면서도 생명처럼 소중하게 간직하였고 직계 조상님들의 함자를 외우곤 하였다.

중국 오나라 황제에서부터 45세손 첨자 어른이 신라 지증왕 원년에 서해바다를 건너와 왕명에 의하여 지금의 함양 땅에 정착하였다. 각간 김종의 따님을 맞아 아들 긍과 응을 낳아 기르다가 법흥왕 9년에 중국으로 돌아갈 때 장성한 맏아들만 데리고 가고, 어린 작은아들 응이 남아서 자손을 낳으니 이 나라에 오(吳)씨 성이 뿌리내리게 되었다. 그 후 이십사 세손 보성군 현자 필자 어른은 장형인 현자 보자 중형인 현자 좌자 삼형제가 함께

글안군 토벌에 공을 세우니 나라에서 보성군, 해주군, 동복군이라는 군호와 식읍을 내리셨으니 보성군이 나의 시조가 된 것이다. 시조 어른으로부터 이십육 세손인 나에 이르는 직계조상은 물론 방조에 이르기까지 족보를 보니 위 조상 어른들의 행실과 산소의 위치까지 대충 알기에 이르렀다.

그리고 절손된 가문이 많을 뿐만 아니라, 살 만한 가문은 절손을 면하기 위하여 가까운 촌수의 집안에서 젖 값으로 약간의 토지를 주고 양자로 맞아 가계를 승사하고, 또 양자 보낸 가문에 자손이 없을 경우에는 품앗이로 생가에 아들을 보내 가계를 이어가기도 하였다.

전체적으로 보면 역사상 전란이나 환란이 있는 시대는 자손을 주고받아 가계를 이어가는 사례가 많은 점을 확연히 알 수 있다.

그리고 대문중, 중문중, 소문중 시제에 어려서부터 부조님의 손을 잡고 참석하는 일이 많았다. 시월상달이라고는 하지만 추운 제실 객사에 하룻저녁 자면서 제수준비 상차림 제수운반 진설하는 것을 눈여겨보면서 배우도록 어른들은 독려하였다.

행사절차는 제관을 정하고 알리는 분방기와 제사절차를 지시하는 홀기를 낭독하는 집례의 위풍당당함이 마치 재판장이 판결문을 낭독하는 것 이상이었다. 홀기대로 매끄럽게 진행하지 못하는 제관에게는 정중하면서도 단호하게 보완, 지시하는 품이 상감마마와 같았다. 이러한 풍경이 경이적인 모습으로 보인 어린 나는 언제 어른이 되어 대축을 읽고, 집례를 할 수는 있을까… 부러움까지 생겼다. 시제를 마친 후에는 여유 만만하게 음복하시는 갓 쓰신 문장 종손 헌관 등 어른들을 침을 흘리며 힐끔힐끔 보면서 하루해가 이슥하도록 오들오들 떨고 차례를 기다리다가 제사떡 등 몇 쪼가리 얻어먹었다. 싸준 봉송은 소중히 집으로 가지고 와서 할머니께 드리면 이제 우리 손자도 어른이 다 되었네 하시면서 대견스러워 하시던 할머니 모습이 눈에 선하다.

정초에 성묘하러 다니다 보면 윗대 산소에는 왕릉같이 봉분이 크고 잔디가 잘 다듬어진 데다가 비석, 상석, 망두석 등이 격식에 맞추어 배열되었고, 아래 산소로 내려오면서 크기도 적고 석물도 없어 초라함을 느꼈다.

어떻게 하면 내가 묻힐 산소가 저렇게 훌륭하게 치성될 수 있을까, 열심히 공부하고 입신양명하여 가문을 빛내야겠지 하는 야심찬 어린 시절의 추억이 아직도 생생하다.

나이 40이 넘어 50에 이르러서는 자연 위선사업에 눈을 떠 공무원 인사에 따라 팔도강산 구석구석 여행하는 차창 밖 멀리 나타나는 치산을 잘한 산소는 빠지지 않고 내 눈에 들어온다. 시간이 있을 때는 타 성씨의 재실이나 시조묘소나 명당에 모셔진 유명한 가문의 묘소를 찾아가 산세도 살펴보고 비문도 읽고 탁본하여 참고하게 되었다.

이때부터 부모님 생존 시 조부님 산소 위선사업과 아버님 내외분 수당설치를 계획하게 되었다. 그러나 이 생각은 어디까지나 나의 생각이었고, 평소 아버님의 생각은 다르신 것 같았다. 우선 그 많은 비용을 어떻게 감당할 것이며 조세(早世)한 망제(亡弟)의 식솔 생각에 마음이 편치 않은 것 같았다. 그러나 나는 나의 의식 속에 침전된 의지를 수시로 아버님께 상주하게 되었고, 아버님께서도 점차 마음을 바꾸시기 시작하여 양대 행장초록을 작성하여 당숙 양호제의 고증을 거쳐 이모부 김재홍 선생이 행장을 짓게 되었다.

이제 남은 것은 아버님의 신위지지를 정하는 것인데 남이면 김○○ 풍수를 두 차례나 심방하여 선산으로 인도하는데 성공하여 청원군 부용면 등곡리 산92-1번지 술좌로 정하였다. 그때 나는 청주보안감호소 부소장으로 있었다. 포니 승용차를 몰고 풍수댁에 갔다 오는데 갑자기 눈이 많이 와서 서투른 운전에 그만 3~4m 낭떠러지 논두렁에 떨어졌다. 다행히도 정수리만 부어올라 물렁물렁할 뿐 앞 유리창도 깨지지 않고 차도 크게 망가지지 않았다. 견인차가 와서 청주에 있는 서부정비공장으로 끌어갈 때까지 5시간 동안 눈을 맞으며 한길 가에서 동태가 되어 기다리다가 새벽 2시경에 관사에 들어왔다.

그렇게 우여곡절 끝에 산소자리를 잡은 후 그 다음해 봄에 수당을 설치하였다.

양대 행장을 기초로 추강공 묘표는 법무장관 이종원 박사가 찬술하였고 운곡 김동연 선생이 썼다.

이 장관은 내가 법무부 근무 시 각별히 지도 편달해 주신 분으로 퇴직 후 한남동에 사실 때 찾아뵙고 의논을 드렸더니 흔쾌히 찬술하여 주었다 입석 일에 초청하였으나 공사다망(公私多忙) 중에 참석을 못하고 그 후 축하편지만 보내왔다. 운곡은 나의 청주대학 후배로써 평소 서로 존경하는 사이라 자청해서 비문을 써주셨다. 야은공 묘표는 정종택 농수산장관께서 장관직을 물러나 국회의원 재임 중 양 가문 사이에 잘 아는 사이로 지역구 사무실에 찾아가 상의하였더니 역시 흔쾌하게 찬술하여 주었고, 국전 서예부문 심사위원장인 서봉 김사달 의학박사를 운곡의 소개로 찾아가 상의하니 써주시며 하는 말이 대기업가 등 사장들은 비문 1장 써 가는데 최소한 5~6백만 원씩 내놓는다고 하였다.

그때 나는 교정감 판공비가 1달에 ○○만원인데 약소하다며 금일봉을 내어놓으니 웃으면서 선생의 효심에 감복한다는 말로 승낙하는 바람에 미안함을 모면한 기억이 새롭다. 그 후 입석 전에 하세하였다는 소식을 접하니 서운하기 그지없었다.

양대 상석(웅천 애석), 비석(웅천 오석), 향로석(애석)으로 정하고 호박석, 주석, 망두석, 걸망석, 활개석, 채알석, 맛석, 화대석은 화강석으로 하고 청주시 우암동 소재 동성석공장 대표 유인기와 계약을 하였고, 송두영이 정성을 다하여 각자를 하였다.

운곡은 서예학원을 운명하면서도 짬 있을 때마다 각자공이 몹시 피곤할 정도로 지도를 아끼지 않은 정성을 잊지 못한다.

입석일 하루 전에 큰골 선산으로 운석하던 중 추강공 비석에 손톱만큼 흠집을 낸 것이 아쉬웠다. 1984년 5월 9일 입석일에는 아버님이 평소 친교를 나누던 선비들과 일가어른들을 초청하셨는데 축하인사들이 선산을 덮었던 기억이 새롭다. 승균 외조부 안희윤, 호균 외조부 장근 양씨가 참석하여 좋아하던 표정이 아직도 생생하다.

이제 내 나이 환갑이 넘어 어렸을 때 부러웠던 대축과 집례도 할 차례가 다가오고 있다. 작년 대종단 시제에 모처럼 참석을 하였는데 문중어른들께서 이제까지의 불참에 대한 중벌로 축관을 시켜 당황한 가운데 가까스로 소임을 마친 적이 있다. 공직을 물러난 지금 핑계가 없어진 처지가 되고 보니 시제에 빠지지 말아야겠다. 열심히 참석하다 보면 드디어 집례도 맡아 상감마마처럼 호령(?)할 기회도 잡을 수 있을 것이다.

그러나 제관수가 선산을 하얗게 덮었던 옛날과 같지 않아 쓸쓸함이 뒷맛으로 남는다. 위선기를 남기는 뜻도 후손들에게 참고토록 하고 나아가 우리 민족의 뿌리 깊은 조상숭배와 충효사상이 온전히 전승되기를 바랄 뿐 결코 다른 뜻은 없다는 말로 끝을 맺는다.

(98. 2.)

선고(先考) 야은공(野隱公) 유택보전기(幽宅保全記)

92년 6월 노태우 대통령이 임기 말을 앞두고 경부고속철도 발파 스위치를 천안에서 눌렀다. 국가의 대형 공사가 그렇듯 국민들의 눈에 익은 내로라하는 사람들이 대통령을 중심으로 배경그림을 그리고 요란한 발파와 더불어 오색연기가 하늘을 수놓고 풍선이 날면 이어서 박수소리가 행사장을 흔든다. 누가 보아도 가슴이 울렁이는 장면이다. 더군다나 '단군이래의 가장 큰 대형공사'니 '21세기 민족의 대동맥'이니 하면서 미래에 대한 꿈을 부풀려 놓았으니 흥분하게끔 되어 있었다.

그러나 계획수립 당시부터 반대론이 없었던 것은 아니다. 개통 후 고속철 운임이 항공료보다 더 비쌀 것이라느니, 자기부상열차가 낫다느니 일본식으로 할 것이냐 프랑스식으로 할 것이냐 논쟁도 컸고, 고속철도주변 환경 및 생태계파괴 및 문화재 보존상 경주역사 위치를 정하는 문제, 대전·대구역사를 지하로 하느냐, 지상으로 하느냐 하는 것 등 시끌벅적 하였지만 지금은 부실시공에다 당초 예산보다 2~3배 늘어나고 그간 낭비한 부실재무관리가 문제로 제기되더니 급기야 노선을 서울 대전으로 단축하자는 지경에 이르렀다.

돌이켜 보면 1차 계획에는 나의 선산밑으로 나툼공법 터널공사를 하게 되어 고속철도 노선에 해당되는 30평만 수용대상이 되어 망제 산소와 증조비 묘소를 이전하도록 되었으나, 계획이 진행되면서 나툼공법이 불가능한 것이 판명되어 개착식 터널 공법으로 바뀌면서 법면 처리를 위해서는 비스듬히 절토하여야 하기 때문에 수매평수가 늘어나 아버님 산소까지 이장하여야 될 처지가 되어 망연자실하였다.

고심하는 사이에 토지보상 문제가 제기되고, 다른 지주들이 협의수매 절차를 진행하는 동안 나는 고속철도공단 이사장에 진정을 내어 고속철도노선에 해당되는 토지만 수매에 응하고 시공상 피할 수 없는 망제와 증조비 산소는 이장하는 대신 법면에 해당되는 120평은 수매에 응하지 못하겠다는 사유를 절절히 호소하였다.

그런대도 불구하고 나의 집무실로 공단 용지국 직원들이 서너차례 찾아와 수매요청을 할 때마다 정성껏 상황을 설명하면서 그야말로 인간적으로 호소하였다. 처음에는 대통령댁 산소도 도리 없이 이전하여야 한다면서 수매에 응하지 않으면 수용절차에 들어가는 수밖에 없다는 말을 남기면서 돌아갔다. 심지어는 고급공무원으로 국책사업에 비협조적이면 되겠느냐고 협박하기도 하였다. 그 소리를 들을 때는 겁을 먹기도 하였으나 그래도 한편으로는 할 수 없다고 완강히 버텼다. 그 후 시공회사 현장사무소 직원들이 찾아왔으나 나의 결심은 변함이 없었다.

사정이 벽에 부닥치다 보니 시공회사인 SK건설 현장소장과 공단토목국장 등 실무자들이 이 문제로 수차례 토론한 결과 수용절차가 끝날 때까지 기다리려면 1년 이상 소요되고 공기를 맞출 수 없는 점 등을 이유로 '빔을 박아 수직으로 절개하는 파일공법에 어스앙카로 시공할 수밖에 없다'는 결론을 내리는 바람에 결국은 선친 산소는 지킬 수 있었다. 봄에는 옷밥골에 있는 증조비 산소를 위로 5m, 옆으로 20m 위치에, 가을에는 큰골에 있는 망제 묘는 우측으로 5m지점으로 문화체육부에 근무하는 사무관 목을수 지관이 자리를 잡아주어 편안한 마음으로 이장하였다.

다른 구간은 비스듬히 법면 처리하여 흙을 다 파냈는데 유독 나의 선산에 이르러서는 파일 공법으로 수직으로 처리해서 지역주민들로부터 오해와 부러움을 동시에 샀다. 공단 측에서는 2억원의 공비가 추가되었다고 엄살 겸 생색을 내기까지 하였다.

하여튼 순천교도소장 재직 중 친분이 두터웠던 당시 청량리역장 김용득 인형의 자문과 협조를 얻어 고속철도관리공단 이재할 토목국장과 조한익 용지국장, 선경건설의 장서균 현장소장, 조만호 부장에게 일일이 찾아가 인간적인 호소와 설득으로 그분들로 하여금 마음을 움직여 놓은 게 큰 도움이 된 것 같다.

대를 이어 이분들에게 고마움을 잊지 말아야 할 것이다. 또 그리하마고 그들에게 다짐을 한 바도 있다. 그동안 무던히도 괴롭힌 미안함을 조금이나마 덜기 위하여 정표를 하고 싶은데 -지나치지도 않고 모자라지도 않으며 받는데 부담을 느끼지 않는, 그러나 고마운 뜻을 담을 수 있는 선물을 찾다 못하여- 가격으로 치면 저렴하지만 교정행정을 홍보한다는 명분을 세워 교정작품 중에서 받는 분의 나이 등 형편을 보아 필요한 것을 골라 직접 전달하니 의외로 반응이 좋아 마음의 빚을 만분의 일이라도 갚은 듯하여 한시름 놓았다.

그렇다고 문제가 해결된 것은 아니다. 3단계 H빔을 박을 정도로 천야만야할 정도로 깊이 파내려갔고 무너지지 말도록 어스앙카를 박고 지상으로는 산소 뒤 양쪽에 버팀 H빔을 박아 와이어로 얽어매놓아 겨울에 얼었다가 봄에 땅이 풀릴 때 또는 집중호우 시에는 혹시 무너지는 것 아닌가 걱정이 태산이었다.

다행히 안양에서 대전으로 임지를 옮겨 1년 6개월 근무하는 동안 잠시 틈을 내어 산소에 가서 살펴보았고, 열차를 타고 고향 앞을 오고 갈 때에는 차창 밖 멀리보이는 절개지를 바라보면 늠름하게 버티고 서 있어 안도하기도 했다.

무인년(98년) 설을 지내고 성묘하러 가보니 터널 구조물 시공을 마치고 되메우기 공사를 시작하고 있다. 공사 시작 후 6년 만이다. 빨리 원상태대로 복토되어 나무와 잔디로 덮이고 진달래, 고사리가 옛날같이 피기만을 기다렸다.

이제 남은 일은 토지사용승낙서에 명시한 조건대로 H빔 파일, 어스앙카, 버팀 H빔 말뚝, 와이어 철거와 당초의 등고선대로 복토하도록 요구, 확인하는 일이다. 그때 그 사람들이 자리를 모두 바꾸었으니 새로운 사람을 다시 만나 사정하였다. 고속철도 중부사업소 관리국장 이광삼 과장 양성식 재무국장 신수용 박재환 과장 토목국장 정 인 토목기사 오영환 SK공사부장 김부환 감리 유허재를 찾아가 인사를 하면서 그간의 경위와 상황을 설명하면서 관심을 유도하였다. 처음에는 약속대로 복토작업을 하여 나무와 떼를 식재하여 보기에 좋았다.

그러나 7개월이 지난 후에는 사정이 급변하여 '터널에 미치는 토압이 균형을 이루지 못한다.'는 구실로 터널 위를 평면으로 처리하여야 한다면서 또다시 법면 처리에 필요한 용지구입에 협조를 구하는 것이 아닌가. 난감하지만 공직에 물러난 자유인 입장이니 강경히 맞서기로 작정하고 협의에 임한 결과 오영환 기사는 수직으로 석축을 하겠으니 석축에 필요한 면적을 사용하도록 사용승낙을 해달라고 사정하여 기술검토를 철저히 하여 '석축이 무너지지 않도록 한다.'는 조건하에 승낙을 해주었다. 석축공사 완료 후 석축부분의 용지 수매를 요구하였으나 나는 응하지 않고 있다. 회정에서 선친의 산소를 건너다보면 오히려 웅장해보이니 다행스럽다. 승용차가 유무실, 회정, 텃골을 거쳐 선산 아래까지 갈 수 있어서 성묘와 금초 등 관리도 편리해졌다.

아버님 유택 보전 사업은 나에게 너무 버거운 일이었다. 그러나 한결같은 자세로 진실하게 호소하고 정성을 다하여 설득하다보니 하늘도, 선친도 무심하지 않다는 것을 몸으로 체득하였다. 청송 오복근 부자를 양자 들여 생가후사를 있게 하고 선친유택을 보전한 일은 나에게는 큰 보람이요. 행운이라 믿어 의심치 않는다.

(98. 10.)

인연의 길, 교화의 길

월간 『사목』 독자 여러분들과 글을 통하여 만나게 된 인연을 소중하게 간직하면서 기회를 주신 편집자분께 감사드린다.

나는 영등포교도소 불교교정위원으로 교정의 사회화에 미력이나마 기여하고 있다. 평생 불교를 신행하는 사람으로 생각, 정서, 언행이 부처님 말씀에 젖어 있다 보니 글 또한 그 범주를 벗어나지 못하여 독자 여러분들께 모래알 씹는 괴로움을 줄까 걱정이 앞선다.

한국 사람들은 만남을 '인연'이란 말로 표현하기를 즐겨한다. 수용자 교화도 역시 인연이 닿는 사람만이 교화를 할 수 있다. 많은 수용자들 중 교정위원과 연이 닿아야 교화의 문이 열리기 시작한다. 문지방이 닳도록 들락거리면서 차츰 '라포'가 형성되어 육친과 같은 형제애가 꽃필 때쯤 뱀이 허물을 벗듯 새사람으로 거듭난다. 그 과정에서의 교정위원들의 인내, 희생, 봉사는 눈물겨우리만치 아름다운 것이다. 새사람이 되어 큰 철문을 나와 사회에 잘 적응하면서 사는 모습에서 보람을 느낀다.

이런 맛에 고난을 이겨내면서 갇힌 자 교화에 정성을 기울이는 것인지도 모른다. 내가 존경해마지 않는 천주교 정 안나 교정위원님이 생각난다. 이분께서는 내가 춘천·순천·의정부·영등포·청송·안양·대전 등 7개 교도소장과 지방청장으로 전국을 떠돌 때 자주 만났다. 그분의 연세에 걸맞지 않는 청초한 아름다움은 만날 때마다 나를 반하게 한다. 아마도 수용자들의 어머니로서의 사랑이 충만해서 일게다. 신앙은 다르지만 누님과 같은 끈끈한 정이 넘쳐흐르는 분이다. 소중한 인연이 아니라면 어찌 전국을 무대로 갇힌 자를 찾아다니며 교화할 수 있단 말인가. 이분의 손때가 묻은 덕에 새 삶을 얻은 사람이 수없이 많다는 것을 교정인들은 다 알고 있다.

나에게도 박삼중 스님·고무송 MBC 라디오 연출가·최풍 시나리오 작가와의 동아줄 같은 인연이 있어, 한 사형수를 담 밖 세상으로 내보낸 일이 떠올라 감히 소개를 할까 한다.

96년 부처님 오신 날이 가까이 다가 왔다. '과연 가석방이 주어질까?' 설레면서 기다렸다. 역시 그날은 내 마음속에 잔잔한 기쁨이 일렁이는 날이었다. 그가 사형수라는 굴레를 벗어버리고 세상 밖으로 나온 것이다. 그를 생각하면 그 어머니의 두 손 모은 간절한 모습이 떠오른다.

'사형수 양동수' 그의 이름 석 자는 많은 사람들의 뇌리 속에 남아있을 것이다. 사형수와 그 어머니의 불심을 '모정불심'이라는 주제로 한 박삼중 스님의 강연과 책자를 통하여 많이 알려진 터라 나는 굳이 그의 실명을 숨길 필요를 느끼지 않는다.

양동수 본인도 교도소 수형생활 21년을 오히려 수도승처럼 마음 밭을 일구는 세월로 승화시키면서 불교에 귀의하였고, 이미 상당한 경지에 다다른 만큼 실명을 숨기려 하거나 거부감을 갖지 않으리라 확신한다.

내가 그를 처음 만난 것은 78년 11월 대구교도소 보안과장으로 근무하던 때다. 당시 세상을 떠들썩하게 한 죄명으로 체포된 양동수는 마침내 사형을 선고받고 그 집행만 기다리고 있던 때였다. 이미 사형이 확정되어 돌이킬 수 없는 상황이었으나, 그의 늙으신 어머니는 재판기간 내내 하루도 빠짐없이 아들을 면회하며 건곤일척 죽기 살기로 부처님께 매달렸다. '죽어가는 아들을 살려주십사' 지극정성으로 기도하였다.

또한 아들이 갇혀있는 교도소 방향을 향해 절을 하며, 아들이 거듭 나기를 발원하였다. 아들이 교도소의 차가운 마룻바닥에서 자는데, 죄 많은 어미가 따뜻한 방에서 잘 수 없다면서 당신 자신도 냉방에서 엄동설한을 지냈다고 한다. 양동수가 다른 교도소로 이송을 갈 때면, 그 어머니도 따라 다니면서 아들을 면회하고, 자식의 죄지음을 당신 자신의 죄로 받아들여 날마다 참회하고 간절히 소원하니, 그 모정의 기도가 어찌 사람들의 심금에 닿지 않았겠는가?

한 입 건너 두 입으로 그 애달픈 사연이 전해지면서 보는 이 듣는 이의 마음을 움직이더니, 마침내 재소자의 아버지라는 박삼중 스님의 귀에 이르게 되고 스님께서 그 죄의 처음부터 끝까지 소상하게 알게 되어 드디어 '양동수 구명운동'이 시작되었다. 대구교도소 담장 옆 자그마한 방 하나를 얻어서 자식 살리는 원을 세우고, 불철주야로 부처님께 매달리며 빌고 또 빌던 그의 어머니를 내가 만났다. 듣던 바대로 그 지극한 모정이 마치 부처님 같은지라 나도 또한 마음이 움직였고 관심을 기울이지 않을 수 없었다. 더욱이 일찍부터 불교를 신봉하면서 불교를 통한 재소자 교정교화 실현에 골몰하던 나는 그들을 소홀히 할 수도 없었다.

마침 그때 MBC는 사형수 양동수를 모델로 한 라디오 연속극 '법창야화'를 제작하기 위하여 '양동수의 얼굴을 보아야 영감이 떠올라 시나리오를 쓸 수 있고 연출할 수 있으니 작가들의 특별면회를 허가해 달라고' 청원하였으나 허락을 받지 못하여 애를 태우고 있었다. 당시 소장의 판단은 교정현실과 법조상황을 감안할 때 정당한 결정이었다고 생각한다. 삼중스님은 궁리 끝에 나를 찾아와 그간의 사정을 이야기하면서 면회를 간청하고 돌아갔다. 나는 며칠을 고심한 끝에 해법을 찾았다.

보안과장은 중범자 고정처리를 위하여 정기적으로 상담을 하는 제도가 있는데 이를 활용하기로 하였다. 양동수와의 상담시간이 끝날 즈음에 고무송 연출가와 최풍 시나리오 작가를 자연스럽게 마주치도록 하여 얼굴을 보면 되겠다 싶었다. 날짜와 시간을 정하고 나서 세 분을 내 사무실로 초청하였다. 물론 나 혼자만의 비밀작전이었다. 정해진 날에 양동수와의 상담은 진행되었고, 두 사람은 영문도 모르고 상담이 끝날 즈음에 내 방에 들어오고 양동수는 상담을 마치고 일어나면서 마주치게 되었다. 양동수를 제 방에 보낸 후 "지금 본 사람이 바로 사형수 양동수입니다." "아 그래요." "인상이 어떻습니까?" "선입감 없이 본 인상이니 글 쓰고 연출하는데 큰 도움이 되겠습니다." 한다. 이런 저런 덕담을 마친 후 그들은 돌아갔고 사형수 양동수는 법창야화로 전파를 타기 시작했다.

이를 계기로 힘이 실려 삼중스님의 '구명운동'이 전국에 메아리치기 시작했다. 자식을 둔 부모들을 감동시키고, 어머님의 무한한 사랑에 대한 인식이 새로워질 때쯤 당시 박정희 대통령께서 이 소식을 듣고 특단의 은전을 내렸다. 그는 사형수에서 무기수로 감형을 받아 새 생명을 얻게 되었다. 그 기쁨 이루 헤아릴 수 있겠는가? 날마다, 언제 자신의 목에 밧줄이 걸릴지 몰라 악몽 속에서 시달리던 양동수가 재생의 기쁨이 부처님 가피와 어머니의 극진한 치성임을 깨닫고, 불교신행에 정진함은 당연한 일이 아니겠는가?

내가 대구교도소를 떠나 전국 각지로 근무처를 옮기다가 95년 7월 1일 대전교도소장으로 부임한 지 1개월도 채 안되어 양동수가 대전으로 이송을 왔다. 20여 년 전의 실낱같은 인연으로 인하여 항상 마음에 두고 지냈고, 그간의 소식은 매스컴이나 풍문을 통해 잘 알고 있었다. 직접 만나보고 싶어서 상담실로 불러보니 그는 수도승처럼 단아하게 변해 있었다. 오랜 세월 험하게 살다보면 그 환경 때문에 억센 기운이 돌고 눈초리가 매서워지는 법인데, 내가 만난 양동수의 맑은 눈과 겸손한 행동은 보는 사람을 편안하게 하는 것이었다. 그 순간, 이 사람이 더 이상 교도소에 있을 이유가 없다는 확신이 생겼다. 마침 기회가 닿아 가석방을 신청하였으며 안우만 장관께서 이를 허가해 주셨다.

옷깃만 스쳐도 인연이라던가? 구명운동의 단초를 내가 제공했고 나가는 문고리도 내가 잡아 열어준 꼴이 되었다. 나로서는 기쁘기 한량없고 그 인연에 감사할 따름이다. 21년의 징역살이를 마감하고 출소하여 이제는 고인이 된 그 어머니의 묘소를 찾아가는 양동수의 모습에서 이 세상에 모정보다 더 강하고 호소력 있는 것이 어디 있겠는가를 깨우치게 하였다.

교도소 담장 안에 있는 동안 불교에 귀의하여 이미 포교사 자격을 취득하고 소 내의 여러 재소자들에게 종교적 사표로 활동하면서 그들과 아픔을 같이 하던 양동수는 이제 포교사로 담밖에 나가 있다.

때때로 그에 대한 풍문이 아름답게 들려온다. 중생을 제도하고 그 갈증을 채워주는 포교사로서 떳떳하게 우뚝 선 그를 생각하면 교정기관에 몸담고 있었던 나로서는 대견스럽고 흐뭇하기만 하다.

'불자가 되어 봉사하는 삶을 살라'던 그 어머니의 당부대로 불자의 길을 가고 있는 양 포교사에게 감히 혜초선사께서 천축에 도착하면서 지었다는 선시로 다시 한 번 축하와 격려를 대신하고자 한다.

보리수가 멀음을 근심치 않는데
어찌 녹야원이 멀리요.
오로지 매달린 것 같은 험한 길이 근심이로다.
이미 휘몰아치는 바람도 잊었도다.
여덟 탑은 보기가 어렵고
험난한 세월에 타버렸구나.
어떻게 그 사람의 소원이 이루어질까?
눈으로 목도함이 오늘 아침이로다.

공직을 마감하고 5년이 흘렀다. 교정위원으로 다시 교정현장에 뛰어들어 수용자 교화에 남은 힘을 쏟고자 한다. 붓다께서도, 여호와께서도 모든 중생들을 교화하지 못하시었다. 오직 인연이 닿은 사람만이 그의 품으로 돌아왔을 뿐이다. '인연의 길이 교화의 길이다.'라는 또 하나의 진리를 터득한 셈이다. 나의 재조 재야를 통틀어 여러 가지 교화사례 중 굳이 양동수와의 21년간의 인연으로 얽힌 오묘한 교화사연을 소개한 이유도 여기에 있다.

우리들은 중중무진(重重無盡)한 인드라망의 한 매듭으로 산다는 것을 통절히 깨달을 때 모두가 자비 속에 형제로 서로 돕고 의지하면서 살아갈 것이다. 이런 세상이 바로 천당 극락이 아닐까 한다.

(02. 11. 월간 『사목』)

입향조 숙자동자 행장연구

이성계가 조선을 창업하고 세월이 흘러 1398년(태조 7년) 계비 신덕왕후 소생 방석이 왕위를 물려받았다. 정비 신의왕후 소생 왕자들의 불만이 끓어오르자 정도전 등 개국공신들은 방원을 부추겨 난을 일으켜 세자 방석 등 정적을 쓸어버리고 정비 소생 방과를 옹립하니 이분이 제2대 정종이다. 이 사건을 제1차 왕자의 난 또는 정도전의 난이라고도 한다.

정종이 적자를 두지 못하고 후궁소생인 서자들만 있어 또다시 왕위계승문제로 미묘한 기류가 흘렀다. 1차 왕자 란에 공을 세우고도 일등공신 책봉에 빠져 불만이 탱천하던 박포가 방간을 부추겨 1400년 1월에 정안공 방원에게 도전하니 제2차 왕자의 난 또는 박포의 난이라고도 한다.

문제는 2차 왕자의 난의 주범인 방간 휘하 상장군 오용권이 어느 집 자손이냐이다. 방간의 명령에 따라 오 장군은 정종 앞에 엎드려 "정안공이 방간을 해하려 하므로 부득이 군사를 일으켜 쳐부수러 갑니다. 주상께서는 놀라지 마십시오."라고 거짓 고하였다. 정종은 도승지 이문화를 보내 '네가 난언에 속아 동기를 해치려고 하니 패악이 심하다. 당장 군사를 버리고 단기로 대궐에 들어오면 장래를 보장하겠다.'는 전갈을 보내었으나 이미 태상왕(이성계)에게도 알리고 민원공, 이성기, 이맹종 등을 지휘 정안공에게 치열하게 도전하였으나 세 부족으로 패배하고 말았다. 그 후 방원은 그해 11월 정종의 양위로 제3대 태종위에 오른다.

역적으로 몰린 오용권 장군이 누구인가를 밝혀야 하는데 '내 아들 내 손자요' 하고 나섰다가는 멸문지화를 당할 판이니 쉬쉬할 밖에 도리가 없는 것이다. 생각건대 혁명에 실패한 방간의 휘하 장군으로 반란을 상감에게 주청한 자이니 그 자리에서 붙들려 역적으로 주살 당하여 시신조차 수습하지 못하고 버려졌을 것이다. 그리고 그 여파로 삼족이 죽임을 당함은 물론 조선조 내내 역적의 후손으로 손가락질을 당하고 죄인처럼 살아야하니 누가 오용권을 내 핏줄이라고 하겠는가. 하루 빨리 이름 석 자가 세인의 머릿속에서 지워지기를 바랐을 것이다.

추측컨대 연대로 보아 보성 오씨 시조 현자 필자의 8세손 이조판서 점의 동기일 가능성이 충분하다. 왜냐하면 제2차 왕자의 난을 진압한 후 피바람은 전라도 보성 오씨 세거지지(世居之地)에도 몰아 닥쳤을 것이다. 제9세조 숙자 동자 입향조께서는 그 광풍을 뚫고 구사일생 북으로, 북으로 몸을 숨기면서 도망 오다보니 지금의 충북 청원군 현도면 양지리 월태촌까지 오게 된 것으로 보인다.

지금도 보성 땅에는 오씨가 망해서 쫓겨 간 마을이 오망골이라는 이름으로 구전되고 있다. 그리고 상대 선조의 유택 모두를 오랫동안 실전하였다가 그중에 이조판서 휘점의 유택은 단기 4272년에 뜻밖에 지석을 발굴하여 봉분과 비석·상석·문인석 등 석물을 조성하니 비로소 위의를 찾았다.

월태촌에 오신 숙동공의 그 후 행적을 보면 몇 달을 남의 눈을 피해가면서 먹지도 못하고 먼 거리를 쫓기듯 헤매었으니 사람형색이라고 볼 수 없었을 것이다. 거지꼴을 하고 어느 집 담벼락에 기대어 자고 있는데 마침 그 집이 원계생(종) 병사의 집이었다. 그날 밤 원 병사의 꿈에는 용 한 마리가 담벼락에 똬리를 틀고 앉아 있는 것이 아닌가? 하도 이상하여 그 자리에 가보니 거렁뱅이가 자고 있었다. 깨워서 사랑방에 데리고 와보니 행색은 거지나 용모는 준수하여 대장부기질이라 원 병사는 하인을 시켜 물을 데워 목욕을 시키고 옷을 갈아 입혔다. 밥을 지어 시장기를 면하게 하여주고 다시 보니 역시 귀골이라. 이런 저런 이야기 끝에 자초지종을 알아차린 원 병사는 신분을 철저하게 묻어두고 사위를 삼았다.

나라가 태평하고 생활이 안정될 무렵 벼슬길에 나아가 진의부위에 오르고 슬하에 사남매를 두시니 아들 장자는 세종조에 진의부위요, 차남도 세종조에 소위장군 부사과요, 삼남도 세종 조 소위장군 부사과라. 후일 이조판서, 홍문관 대제학, 지경연춘추관 오위도총부 도총관 겸 지의금부사 증직(贈職)을 받았다.

진의부위 숙동공은 청원군 현도면 달계리 금계포란(金鷄抱卵) 명당에 안치된 유택에 영면하신다. 그리고 입향(入鄕)시의 저택(邸宅)도 600여년이 지난 현재 유택에서 약 4㎞ 서남쪽 양지리 월태촌에 고색창연(古色蒼然)하게 보존되어 있다. 이 어른은 바로 나의 16세조이시다.

오씨 종보(宗報)에 투고하는 속뜻은 상장군 용자 권자 어른이 과연 어느 관파에 속하는지? 속한다면 '우리 선조요!'라고 손을 번쩍 들고 나와 주기를 바라는 바가 그 첫 번째요. 그 두 번째는 보학(譜學)에 밝은 학자가 역사적 사실을 규명해주기를 기대하는 것이다. 전국 오성인의 지대한 관심 질책 그리고 규정(糾正)을 달게 받을 자세를 바로 하면서 붓을 놓는다.

(2010.『오씨대동보』)

하늘계단에 오르다

오늘은 법무부 퇴직공무원 문인모임인 정우회원들이 만나는 날이다.

월드컵 경기장 앞에 모여 하늘계단을 오르면서 생각을 나누고 내려오면서 정서를 교환하여 풍요로운 일상을 꿈꾸는 모임이다. 약속시간 20분 전에 도착하니 평생 바르게 살아온 탓인지 모두 모여 삼삼오오 정담을 나누고 있다. 반갑게 인사를 나누는데 한 회원이 건강검진 예정시간이 길어져 30분 정도 늦겠다는 연락이 왔다는 총무의 보고다.

오랜만이니 궁금한 것도 많고, 농익은 세월이 묻어나는 익살, 농담, 해학으로 꽃을 피우는 사이 나머지 회원이 도착했다. 이제는 이동개시다. 평화공원 앞 아치형 육교를 건너면서 월드컵 경기장을 돌아본다. 과연 세계대회를 멋지게 치러낸 황포돛대형

지붕을 떠받친 웅장, 미려한 건축물은 국민의 한 사람으로서 자부심을 솟구치게 한다. 하늘공원을 올려다보니 갈지(之)자를 여러 개 이은 모양의 계단에는 벌써 사람들이 줄을 지어 오르고 있다. 우리 일행도 계단 입구에 이르렀다. 정상에는 세발 달린 풍력발전기가 맑은 하늘을 휘어 젓는다. 단풍은 내려오다 말았는지 아직은 푸름이 남아있다.

하늘계단 291개중 첫 번째 계단을 밟고 오른다. 스치는 중년부인, 노부부, 어린이집 아이들의 표정과 대화가 조화를 이룬다. 오르내리는 사람들이 잠시 숨고르기 하면서 쉴 수 있도록 계단이 지그재그로 꺾이는 곳에 공간을 넓혀 놓아 이곳에서 여유를 부리는 사람도 있다.

드디어 마지막 291계단을 밟고 하늘공원 구역에 들어선다. 시야를 넓게 열어보니 월드컵경기장과 그 뒤 병풍같이 늘어선 아파트가 어우러져 보기 좋다. 저 멀리 붉은색 성산대교 아치와 파란 강물, 그리고 타원으로 진입하는 고가도로가 그림 같다. 안산(鞍山)과 남산, 국회의사당, 선유도, 양화대교 그리고 월드컵 분수가 역시 한 폭의 그림이다.

갈색 오지벽돌을 깔아놓은 산책로를 밟으며 300m쯤 걸어가니 초소에 다다른다. 흰 돌에 검은 글씨로 새긴 하늘공원 표지석이 차렷 자세로 서 있다. 그 뒤에는 펼쳐진 은은한 황갈색 억새꽃이 가을바람에 하늘거린다.

나무의자에 앉아 하늘공원을 내려다본다. 억새꽃이 융단처럼 깔리고 그 위에 맑은 하늘이 내려와 놀고 있다. 샛길에는 울긋불긋 색동옷을 입은 남녀노소가 속삭이다가는 떠들고, 포옹하다가는 억새꽃 속에 숨어든다. 숨바꼭질하는 모습이 행복하고 평화롭다. 놓치기 아까운 장면을 사진에 담느라 바쁘다. 강 건너 남쪽에서 2~3개 마천루가 고개를 살짝 내민다. 세발 풍력발전기가 돌아가고 있다. 아마도 바람이 멋은 듯 부는 것 같다.

안내소에 들어가 어린이 생태학습 교재 등 진열품을 살피다가 관리인에게 너스레를 떠니 답례로 『쓰레기 산에서 놀자』는 교재를 준다. 넙죽 절하고 18개 계단을 내려와 억새꽃 물결 속에 들어선다. 억새 키가 나보다 높다. 보이는 것은 하늘과 억새가 출렁 출렁 살을 섞어가면서 수평으로 궁합을 짠다.

이제 생태공부를 할 차례다. 억새와 갈대는 일란성 쌍둥이인가?

먼저 억새는 벼과 벼목의 여러해살이풀로 산과 들에 자생한다. 키는 1~2m 정도다. 줄기는 원기둥이고 입은 가늘고 길며 차차 뾰족해지고 딱딱한 잔 톱니가 있으며 가운데 있는 맥은 굵고 희다. 9월에 자줏빛을 띤 황갈색에 은빛 꽃을 피운다. 줄기와 잎은 지붕을 이는데 쓴다. 억새 중에도 참억새의 작은 이삭은 은빛 꽃이다.

갈대는 습지와 물가에서 자생하고 잎과 줄기가 호생(互生)하며 잎맥은 없고 속이 비어있다. 3m 정도로 크고 9~10월에 피는 꽃은 갈색이다. 억새나 갈대 둘 다 씨앗에 솜털을 달아 낙하산 기능을 하는 것은 민들레 꽃씨와 비슷하다.

풍력발전기는 바람이 풍부하여 발전에 적합한 한강변 높은 곳을 골라 설치했다. 개당 20kW 생산하는 30m 높이의 발전타워 5개가 설치되어 총 100kW 전력을 생산하여 하늘공원 가로등, 펌프가동용으로 자급자족한다.

하늘공원 아래는 쓰레기로 조성하였는데 수직으로 가스추출정(H=40m)을 군데군데 묻어 땅속에서 발생하는 가스를 포집하여 이송관로를 통하여 열 생산 공장으로 보내 활용한다.

옛날의 난지도는 난초와 지초가 다투어 자라는 한강 가운데 있는 아름다운 섬으로 수많은 꽃과 철새들이 모여드는 생태계의 보고였다. 78년부터 15년 동안 천만 서울시민의 쓰레기 매립지로 전락하면서 쓰레기 산(해발 98m)이 되었다. 먼지, 파리, 악취가 많은 삼다도로, 메탄가스와 침출수가 나오는 불모의 땅, 죽음의 땅으로 변했다. 난지도는 산업화시대를 살아온 사람들의 고통과 부조리 그리고 슬픔이 묻힌 산이다. 많은 목숨을 앗아간 연탄재며 건설·산업폐기물과 영등포, 둔촌동, 목동까지 날아오는 연기, 먼지, 악취며, 쓰레기 속에서 고물을 주워 생계를 유지하던 영세민들의 이야기가 묻힌 산이다. 96년부터 안정화사업·공원조성사업을 추진하여 02년 5월 현재의 모습으로 탈바꿈시킨 것이다. 이곳에 자라나는 엉겅퀴, 씀바귀 등 자생식물과 토끼풀, 서양민들레 등 귀화식물을 함께 심어 식물의 식생변화를 유도한다. 계절별 다양한 식물과 꽃을 피게 하여 나비, 잠자리, 개구리, 꿩, 까치 등 먹이사슬이 형성 중이며 앞으로도 생태계 변화가 계속되어 낙토로 변할 것을 기대하고 있다.

애물단지 쓰레기동산이 월드컵공원·하늘공원·난지천공원 등 5~6개 공원을 아우르는 명품공원이 될 줄을 누가 알았겠는가? 구경꾼이 깔려있다. 참으로 대단한 나라 훌륭한 민족이 일구어 낸 승리다.

나는 정우문인들에게 "으악새를 본 사람은 손들어 보세요!" 하니 역시 본 사람이 없다. 억새는 점점 자라면서 바람을 만나야 소리를 만들어낸다. 그 소리는 여름에는 삽사리, 여치, 긴 날개 여치의 소리를 화음으로 섞고, 물이 내리는 가을에는 귀뚜라미, 실베짱이 등의 장단에 따라 으악새, 으악새 우는 것이다.

다시 말하면 바람과 억새가 합창하는 노래 소리다. 바람이 있어 억새는 으악새 으악새 하면서 사람의 마음을 쥐어짠다. 으악새는 눈으로 보는 새가 아니다. 귀로 듣는 소리다. 우리들은 이 소리를 들으면서 하늘공원을 내려온다. 하늘계단을 한 계단 한 계단 밟고 내려오면서 '여인천하의 나라'임을 실감한다. 이 땅의 남자들아! 어디서 무엇을 하는가? 골병들게 일만 하지 말고 여유를, 정서를 찾아 나서라! 좀 싸다녀라, 알간! 고함을 치며 정우문인들의 문학행사를 접는다. (09. 2. 『한맥』)

주례유감

사람들은 무정한 세월이니 유수와 같은 세월이니 하면서 세월의 덧없음을 말한다. 자라나는 아들딸들을 보고는 그저 사랑스럽고 대견해 하면서도 스스로 늙어간다는 것을 모른다.

그러나 어느 날 결혼적령기의 딸을 두고 나도 이제 사위를 보게 되었다고 연륜을 한껏 자랑 해보지만, 그 자랑 뒤에는 '벌써 우리도 많이 살았군요'라는 뉘앙스가 세월과 삶을 음미하게 한다.

세월은 많은 것을 지워버리기도 하지만, 또 많은 것을 가르쳐준다는 말이 있다. 나에게도 세월의 덧없음을 실감케 하는 사건이 벌어진 것이다. 그것도 황당하리만치 빨리 찾아온 것이다. 20년 전 가을이었다. 그때 내 나이 40대 초반에 5급 과장이었고 큰애가 열세 살 때이다. 직원이 찾아와서 느닷없이 주례를 부탁하는 것이었다. 나는 크게 당황하지 않을 수 없었다. 우선 직장의 형편을 보면 연륜과 사회적인 지위, 그리고 제가(齊家)의 원만함으로 보아 기관장님이 주례에는 적격인데 나한테 찾아왔다는 것이 당황한 이유의 첫 번째요, 더군다나 주례사는 많이 들어보았지만 직접 주례를 선다는 것은 꿈에도 생각해보지 않았던 것이 그 두 번째요, 평소의 행실이 타의 모범이 되지 못함은 물론 지덕(知德)을 갖추지 못한 처지로 항상 쫓기듯 살아가는 그야말로 부족한 것이 한둘이 아닌 사람으로서 성스러운 자리에 선다는 것이 그 세 번째다. 그밖에 주례 부적격 사유야말로 다 이를 수가 없었다.

그래서 '못 하겠다'고 정중하면서도 단호하게 거절을 했다. 그러나 얼굴이 사색이 된 상대의 입장을 들어보는 것이 도리였다. 주례 선정에 몇 번인가 빗나갔고 심사숙고한 끝에 체면을 걸고 찾아왔으니 딱한 일이다. 평소 우유부단한 성격 탓도 있겠지만 그 젊은이에게 좌절감을 안겨주는 죄(?)를 짓는 것 같아 만용에 가까운 결단을 내리고 말았다.

망설임 뒤의 승낙은 많은 상념을 일게 한다. 사모관대에 가마 타고 장가가고 시집온 우리 부부를 생각한다. 그때에 신식 결혼한 친구의 말이 생각난다. 존경하는 은사에게 찾아가서 큰절을 하고 정중히 주례 맡기를 앙탁(仰託)했으면서도 막상 결혼식장에서는 주례말씀이 무엇인지 들리지 않을 정도로 긴장과 흥분으로 떨렸다는 것이다. 26년 전의 일이니 참으로 격세지감이 있다.

그러나 내가 첫 번째 주례를 맡을 때에는 어렵게 주례 선생을 모실 필요가 없이 공식화된 사례금만 주면 예식장 전속 주례가 해결해 주었다. 그러나 너무 편한 것만 찾다보면 남는 것은 경박스러움뿐이다. 그는 아마도 그런 것이 싫었는지도 모른다.

하여튼 승낙에 대한 책임완수의 시한(時限)은 다가오고 있었다. 이 책 저책을 뒤적여 보았으나 주례사에 맞아떨어지는 명언은 없었다. 생각 끝에 스스로 신랑신부의 입장이 되어 주례사를 써 나갔다. 두세 번 손질하여 탈고하니 또 생각이 달라지는 것이다. 식장에서의 신랑신부는 주례가 무슨 말을 했는지 들리지 않을 정도로 긴장하거나 떨지는 않을 것이다. 그러나 나는 기록하여 남겨주기로 결심했다.

며칠을 두고 다듬은 귀중(?)한 주례 말을 그냥 흘려버릴 것 같아 아쉬웠고, 또 주례사에 담긴 말을 앞으로의 생활에 참고하든, 안 하든 주례로서는 선물을 하고 싶었다. 먼 훗날 금혼식, 회혼식에 주례사를 읽어보는 낭만도 있을 것 같아서 손가락이 부르트도록 쓰고 책을 매어 리본을 달아 딴에는 정성을 다한 것이니 값진(?) 선물로 자부하면서 주례를 마친 후 혼인서약서와 같이 신랑신부에게 전하는 것으로 주례라는 대사를 마치었다. 그런데 문제는 그 후에 있었다.

이렇게 어려운 일을 치르고 나니 또 다른 직원들의 주례 신청이 줄을 이었다. 얼굴을 가려서 주례를 맡는 것 같아 모기소리도 못내고 승낙해 버리고 나니, 또 태산 같은 걱정이 앞선다. 첫 번째 주례사에서 좋은 말을 다 썼으니 더 할 말이 없어진 것이다.

고심 끝에 '무슨 말을 하던 주례의 자유다'라고 생각하니 마음은 한결 편했다. 그리고 아무리 생각해보았자 나로서는 달리 할 말이 없었다. 참된 말은 그리 흔하지 않은 것 같다.

그럭저럭 3개월 만에 5~6회 주례를 서고 나니 겁이 났다. 어쩌다가 주례사를 선물하는 전통(?)을 수립해 놨으니 말이다. 주위에서는 목소리도 좋고 품위가 특출하다며 아주 전속 주례사로 나서라고 한다. 참으로 남의 속도 모르고 하는 말이다.

세월은 신랑신부에게도 많은 것을 가르쳐 주겠지! 주례사에서 미치지 못한 것들까지 말이야, 여섯 번째 주례를 마치고 돌아오는 차 중에서의 독백은 이러했다. 그 후 나는 다른 지역으로 전근을 가면서 자연스럽게 주례 서는 일을 면하게 되었다.

그러나 결혼식 초청에는 열심히 참석하여 축하도 하고 주례사도 주의 깊게 경청해 왔다. 주례의 용모, 주례사 내용, 대중 스피치, 소요시간 등 모두 흠잡을 데 없을 뿐만 아니라 예식 절차를 매끄럽게 진행하는 것을 보면 감탄하면서 갈채를 보내기도 한다.

나도 겁먹지 않고 주례를 계속해 왔다면 20여 년이 지난 오늘에는 전국 제일의 주례가 되었을지도 모른다는 허황된 생각도 해본다.

그러나 주례선생이 결혼성전의 주재를 잘한다고 행복하게 잘

사는 것은 아니다. 요사이 젊은 부부들은 이해와 관용으로 가정을 추슬러 나가는 데는 인색한 것 같다. 아는 게 너무 많고 개성이 강해서인지는 몰라도 이혼율이 점점 높아지는 추세라고 한다. 내가 결혼식을 주재한 6쌍의 신혼부부들은 20여년이 지난 지금 어떻게 살고 있을까?

최소한 이혼을 했다는 소식이 들리지 않는 걸 보면 그런대로 잘사는 모양이다. 다만 지금까지도 철이 바뀌면 청주·대전 등지에서 귀한 농산물이나 편지 등 안부를 전해오는 집들이 있다. 그중 한집은 딸 셋을 낳고 간절한 서원 끝에 아들 하나를 낳아 기르면서 중견 공무원으로 잘 살고 있다. 딸자식복만은 주례를 닮은 것 같다. 그들도 나도 아들딸 시집 장가보내고 또 보낼 때가 되었으니 세월의 무상함을 새삼 느끼게 된다. 아무튼 지나온 세월과 같이 앞으로도 여섯 집 모두 행복하고 건강하게 살기를 바란다.

선배를 주례로 정중히 모시어 결혼한 후에는 평생 기억하고 사는 자세를 견지하고 주례는 이들을 관심을 갖고 지켜본다면, 아마도 이혼율은 떨어지는 반면 건전한 가정은 늘어날 것으로 생각한다.

오늘도 결혼식에 초청을 받은 날이다. 옷을 단정히 여미면서 대문을 나선다.

(97. 11. 『새길』)

지렁이 아저씨

내가 사는 집에서 길만 건너면 공원이다.

계절 불문하고 오전 6시에 국민체조를 시작으로 45분간 에어로빅을 한다. 체조강사는 시작과 종료시간이 정확함은 물론 일요일 제외 공휴일 포함, 우천불구 1년 내내 한결 같다.

참여하는 연령대는 현업에서 물러난 6학년말에서 7~8학년 들이 주류를 이룬다. 어디를 가나 여인천하인 것은 이곳 양천공원 아침체조에 참여하는 남녀 구성비도 예외가 아니다. 95퍼센트 이상이 여인들이고 남자들은 가뭄에 콩 나듯 끼어있다.

늙으면 잠도 없다더니 새벽 4시만 되면 5~6명이 워킹을 한다. 점점 불어나 5시쯤 되면 4~50명이 750m 워킹코스(walking course)를 꼬리를 물고 힘차게 돌다가 지루하면 소 운동장으로 가서 각종 운동기구로 체력을 단련한다.

그래도 시간이 남으면 운동장을 앞걸음 또는 뒷걸음으로 걷다가 스피커에서 경음악이 울리면 체조대형으로 모여들어 몸을 푼다. 이어 체조강사의 경쾌한 구령과 시범동작에 따라 3백여 명의 율동이 공원가득 출렁인다.

6시 45분 체조가 끝나면 테니스, 배드민턴 클럽은 남아서 경기를 즐기고 대부분의 사람들은 귀가한다. 나도 15~16년을 거의 빠짐없이 참여한 덕에 오늘의 건강을 유지한 것 같다.

그러던 어느 해부터 워킹코스에 밟히거나 말라죽은 지렁이를 보고 이들을 살려야겠다는 생각이 들었다. 살아 움직이는 지렁이를 발길이 닿지 않는 곳으로 옮기는 일은 그리 쉬운 것은 아니다. 손으로 집는 것이 아니라 가느다란 나뭇가지로 지렁이 허리를 들어 올리면 꿈틀 꿈틀거리다가 떨어진다. 같은 동작을 2~3회 반복 끝에 겨우 옮긴다. 그러니 뒤따라오는 사람들의 진로를 막거나 흐름을 방해하게 된다. 눈총들이 따갑다. 뿐만 아니라 지렁이를 들고 있는 나를 보는 인상이 지렁이처럼 일그러진다. 그뿐이랴 실성한 사람으로 보는 것 같기도 하다. 어떤 사람은 '어느 곳에 가면 입질이 좋다'고, 또 어떤 이는 '토룡탕이 어쩌고 저쩌고' 하면서 신나는 대화를 이어간다.

그럼에도 불구하고 날마다 한결같은 나의 모습에 사람들의 표정이나 생각이 점점 달라지기 시작한다.

"참 좋은 일 하십니다."

"생명을 살리네요."

"자연보호 하시네요."라는 말을 들으면 천군만마를, 동지를 얻은 듯 뿌듯한 보람에 젖기도 했다. 그럭저럭 지렁이 살리기 10여 년이 흐른 지금 나에게 '지렁이 아저씨'라는 별명이 붙었다. '토룡(土龍)아저씨'라면 운치라도 있으련만, 그러나 이해와 지지를 보내는 것 같아 칙칙하지만 싫지는 않다.

지렁이는 '생태계의 원조' '환경지킴이' '쓰레기 청소부'라고 마주치는 사람들에게 툭툭 던지는 나의 말에 수긍이 가는지 싸늘했던 표정들이 많이 부드러워졌다. 비 오는 날이면 어디서 나오는지 부지기수로 기어 나온다. 겁도 없이 운동장 한가운데까지 기어 나온다.

나도 요령이 생겨서 플라스틱 포크(fork)로 쉽게 들어 올려 숲속으로 옮긴다. 포크는 3~4개 발이 붙어 지렁이 허리를 들면 접촉부위가 넓어 꿈틀거리지 못한다. 사람들이 많은 배드민턴, 테니스장, 워킹코스에서의 지렁이 이동작업도 운동을 방해하지 않는 수준으로 신속히 할 수 있게 되었다.

지렁이는 지구상에 3천여 종이 있는 자웅동체 환형동물이다. 심장 5개를 가진 빈모강에 속하는 육상동물의 일종으로 소리기관이 없어 빛을 따라 움직인다. 모양은 가늘고 긴 원통형으로 큰 놈은 길이가 3m 60cm, 몸통은 2.5cm로 100~200개의 마디에는 짧은 새털이 있다. 종류는 갯지렁이, 실지렁이, 산 구슬지렁이, 용지렁이, 줄지렁이, 흑지렁이, 논지렁이 등이다. 먹이사슬 밑바닥에 있으면서 땅속을 일구어 숨을 쉬게 하고 부패한 낙엽, 생물체, 음식물 쓰레기를 먹은 배설물로 땅을 기름지게 한다.

동시에 자기 몸을 던져 수많은 생명의 먹이로, 의약재료로, 사람의 여러 가지 질병을 치료해주는 귀중한 동물이다. 그래서 용자를 붙여 토룡(土龍)이라고 격을 높여 부를 뿐만 아니라 소, 돼지, 사슴, 오리, 벌꿀, 개 등과 같은 반열에 올려놓고 법으로 사육을 보장한다.

선인들께서도 지렁이 꿈을 '태몽' '만사형통'이라 길몽으로 해석했고, 속담에는 '지렁이도 밟으면 꿈틀한다(미천하다고 업신여기다 큰 코 다친다)', '지렁이 갈빗대 같다', '지렁이 용 시늉한다(허황된 망상을 한다)'고 풀이하여 처세를 경계하도록 했다.

그동안 직접 살린 지렁이와 그 지렁이가 생산할 지렁이 그리고 깨끗하게 지킨 토양에서 자라난 생명들을 먹이사슬을 연결해서 산출하면 꽤 많은 생명을 구한 셈이다.

그러나 지금까지 의식, 무의식중인 나의 발길에 밟혀죽고, 나의 몸뚱이와 충돌하여 죽고, 내가 운전하는 자동차에 깔려죽고, 부딪쳐 죽은 헤아릴 수 없이 많은 생명에 비하면 족지지혈이다. 예를 들어 보자. 무더운 여름 밤 특히 가로등도 없는 시골 길을 전조등을 훤하게 켜고 달리면 불빛을 보고 달려드는 수많은 벌레들이 승용차에 부딪쳐 박살나면서 흘린 푸른 피가 두툼하게 말라붙은 것을 운전하는 사람이라면 누구나 경험했을 것이다.

나는 25년 전 이런 참혹한 살상을 보고 '하루살이나 인간이나 생명은 동일하다'는 생각이 문득 떠올랐다. 소름이 끼치고 말문이 막혔다. 그로부터 나는 여름밤 승용차 운전은 하지 않는다. 그리고 발걸음 옮길 때마다 개미 한 마리라도 밟지 않도록 조심하게 되었다.

세상 접는 날까지 살생한 엄중한 죄를 참회하는 마음으로 모든 생명을 사랑하고 또 사랑하여야겠다. 움직일 수 있는 힘이 있는 한 한 생명이라도 살리고 또 살릴 것이다. 지은 빚은 갚아야 하니 말이다.

(2011. 2.『한올문학』『오우문학』)

찬비에 젖은 낙엽을 보면서…

사람이 태어나 한 세상 산다는 것이 결코 간단한 일은 아니다. 인간은 부모의 몸을 빌려 태어나 정성을 먹고 자란다. 동물 중 가장 허약한 몸으로 태어나 유아기의 극진한 보살핌은 생존 조건이다. 유아기를 거쳐 학습기를 걸으면서 지능이 발달되지만 부모와 형제자매가 얼기설기 엉긴 가정과 자연환경에 물들기 시작하는 정서는 태풍의 계절인 청소년기를 고비로 안정기에 접어들면서 인격형성에 큰 가닥을 잡는다.

이렇게 성장하여 결혼 적령기에 접어들면 가정을 이루고 독립한 사회의 기초단위가 된다. 대물림으로 가족들을 부양하고 가르친다. 부모봉양 정성의 농도에 따라 효의 꽃이 곱고 향기 짙을 수도 있고 엷을 수도 있다. 기(氣)를 나눈 형제자매 간의 정이 두텁고 얇음에 따라 집안 화목이 좌우된다. 어찌 그뿐이랴.

동문수학(同門修學)한 학우들, 일터의 동료들 그리고 그들 집단의 선후배·상하위직들 사이 등 무수한 인간관계의 원만 여부에 따라 사회생활에서 주전선수(主戰選手)가 되기도 하고 후보군(候補群)에 들기도 한다. 이는 자신과 가정에 직결되어 생활수준의 높낮이에 영향을 준다. 좀 더 범위를 넓혀 국민으로, 사회구성원으로 책무를 다하느냐 못 하느냐에 따라 스스로의 생활영역을 넓힐 수도 줄일 수도 있고 또 자유로울 수도 불편할 수도 있다.

하여튼 산다는 것은 관계 설정과 이를 이어가는데 달려 있다고 해도 지나친 말은 아니다. 이는 개개인의 품성과 지혜·성실·노력 등의 총체적인 조화에 따른 능력의 정도에 따라 성공과 실패를 가른다. 그러나 인간은 완전한 존재가 아닌 만큼 의외의 변수와 돌발 사태로 절망과 희망이 교차한다. 참으로 어렵고 복잡하다. 그래서 인생은 고해(苦海)라고 선인(先人)들은 말하지 않았던가.

한 TV프로에 생이별(生離別)한 자식·부모·형제자매들이 세월이 한참 흐른 후에 찾아 흐느끼면서 맺힌 사연과 한을 풀고 서로 용서하고 화해하여 행복을 찾아가는 그림을 본다. 특히 해외 입양인들이 고국을 찾아와 자기를 버린 부모나 친척을 찾는 피맺힌 호소를 한다. 잊지 못하고 살던 친구·선배·선생님 등을 만나기도 한다. 심지어 방송사에서는 해외 여러 나라를 찾아다니며 어렵게 찾아내어 한국음식에 한복을 입혀 상봉파티를 열어주어 보는 이로 하여금 가슴을 적시게 한다.

다른 한편으로 같은 하늘 아래 살면서도 부자・형제・일가친척・친구 사이 동아줄 같은 탄탄한 관계가 형성되어 있지만 서로 헐뜯고 시기하면서 살기도 한다. 이렇게 살다보면 틈이 생기고 틈은 담으로 철벽으로 굳어지고 높아져 관계는 파괴되고 원수가 된다.

그리고 선출직 공무원 -대통령부터 지자체장・각급 의원 등도 투표에 의한 국민과의 관계가 설정된다. 따라서 이들에 대한 투표권자의 기대 충족 수위에 따라 비난과 칭찬의 거리는 하늘과 땅 차이로 넓어진다. 특히 최상위급 선출직 공무원인 대통령이 술안줏감으로 회자(膾炙)될 때는 참으로 딱하다는 생각이 든다.

나는 일제말기 원산에 사시던 숙부 내외분과 동갑내기 사촌동생을 초등학교 취학 전에 본 기억이 남아있으나 지금은 영상이 잡히지도 않는다. 아직도 북쪽에 사시니 이산의 슬픔을 안고 산다 하겠지만 그 밖의 가족과 일가친척과의 끈은 아직은 튼튼하다.

부모님이 날 낳아 버리거나 잃어버리지 않은 것만도 다행인데 일제식민・해방・전란 등 간난신고(艱難辛苦)의 시절 장남이라는 이유 하나만으로 누님과 동생들보다 나에게 정성과 사랑을 넘치도록 퍼부어 주셨으니 부모복은 누구보다도 많다.

그러나 2년 전 상수(上壽)를 일기로 세상을 뜨신 어머님, 15년

전 84세를 일기로 사바를 떠나신 아버님께 은혜 갚음의 당연한 도리 '효'를 다했나 생각하면 가슴이 뻐근하고 눈시울이 뜨거워 진다.

내가 자식들을 낳아 기르고 가르치던 기간은 우리 가정의 계발성장기에 해당한다. 나의 소생 사남매는 태어난 순서대로 먹고 입고 공부하는데 힘이 들었을 것이고 아마도 막내가 제일 수월했던 것은 가정경제가 성장기를 지나 안정기에 접어들어서다. 하여튼 나는 역마살이 깊어 팔도강산 떠돌아다니는 공직자로 애비의 역할은 영점이었으나, 아내가 두 몫을 잘하여 자식들을 반듯하고 성실하게 키워냈다. 이런 과정에서 나와 아내, 나와 자식들 사이가 큰 상처를 남기지 않은 것은 훌륭한 조정자인 아내의 덕이다. 그 외에 누님과 동생·종형제·제종형제 등 일가친척과의 관계는 과락(科落) 수준인데 이는 공무원이라는 핑계로 30여 년, 이들의 대소사를 챙기지 못하고 지나치는 등 책무를 게을리 한 탓임을 잘 안다.

지금은 퇴직한 지 오래지만 직장 동료 선후배, 동문수학한 친구들과 그 선후배들 그리고 사회에서 만난 분들과의 관계가 부드러운지 여부는 오로지 그분들이 판단할 몫이다.

쓰는 글의 주제 설정이 너무나 썰렁했나보다. 쓰면 쓸수록 내 양심에서 향기보다는 체취가 모락모락 솟는다. 무언가 부족했던 일, 아쉬웠던 일, 잘못한 일들이 잘한 일보다 자꾸 떠올라 숨차다. 콧등이 찡하다. 아마도 생의 끝이 가까워오는 징조일까. 황혼의 초조함일까.

아무튼 인생은 관계설정을 잘하고 가꾸어야 향기로운 삶, 빛나는 일생이 펼쳐지는 것이다. 그렇기 위하여 지나침도 부족함도 없는, 바라지도 구하지도 않는, 칭찬과 비난에 구애받지 않는, 가급적 주는 자세로 사람의 도리를 다하면 되지 않을까 싶다. 아마도 이 길밖에 없을 듯하다.

지금 창밖에는 겨울비가 내린다. 비에 젖은 낙엽들의 색깔이 제각각 다르다. 흙이 되기 직전의 빛이라지만 노란 은행잎이 돋보인다.

나도 저 은행잎처럼 떨어져도 노란 색깔로 묻힐 수는 없을까. 이마저도 과욕일까! 참으로 모를 일이다.

(08. 1.『문학저널』)

4.

세월 줍기

칭찬과 비난 사이에서

입시철이 되면 시골 동네 어귀에 걸린 '○○군 ○○대학에 수석 합격'이라고 쓴 축하 현수막을 심심찮게 본다. 출신고교에서는 명문대학별 합격자를 함께 써서 건물 밖에 내건다. 각종 고등고시 최종합격자가 발표되면 출신학교나 지역, 동리에 축하 현수막이 걸린다. 그뿐 아니라 우리 동네, 우리 면에서 사시나 행시 또는 외시 등 합격자가 몇 명이 나왔다고 자기 일처럼 자랑한다. 그리고 우리 학교는 각료를 ○명 배출한 학교야, 요사이 한참 뜨고 있는 ○○도 우리 학교 ○회 출신이야 하면서 모교를 빛낸 선배라고 기념패도 만들어 주고 자랑하고 존경한다.

문중에서는 더욱 요란하여 '○○파 ○○의 아들이 ○○대학에 합격하였다'며 '이번에 입각한 ○○는 ○○파 ○○대손이야' 하면서 종중에서 장학금도 주고 축하 화환도 보낸다.

지자체장, 대통령과 지자체의원, 국회의원 등 국민의 선거에 의한 선출직에 당선되었을 때는 소속 정당의 대중적 인기에 따라 기쁨과 기대는 더욱 확산된다. 이렇게 동네, 문중사람들이, 모교 선후배, 국민들이 좋아하는 것은 나라와 민족을 위하고 국가와 사회 발전에 기여하는 훌륭한 업적을 쌓아 오래도록 빛내주기를 바라는 깊은 뜻이 담겨있다. 그리고 후배나 젊은이들은 귀감으로 삼아 분발하라는 격려의 뜻도 포함되어있다. 그러나 세월이 흐른 뒤에는 특출한 업적을 남긴 경우를 제외하고 대부분 세월 속에 묻혀 버리고 만다. 역사적 인물이 된다는 것은 그만큼 어렵다. 반대로 만인이 외면하든가 지탄하는 바 되어 기대했던 사람들에게 실망을 안겨줄 때도 있다. 태어난 동네, 모교, 문중사람들이나 대중들의 실망이나 좌절은 기대감, 자긍심, 자존심에 비례하여 커질 수밖에 없고 심지어 자괴감으로 불출되기도 한다.

특히 나라의 큰 살림꾼으로 떵떵거리다가 정권이 바뀌고 나면 검찰청 현관 포터라인에서 터지는 기자들의 플래시 세례를 받는 사람들, 교도소 담 안으로 사라지는 사람들을 본다. 이들이 축하 해주던 사람들의 참뜻을 헤아렸다면 좌절과 수치심으로 되돌려주지는 않았을 것이다.

문제는 이런 일들이 계속 이어진다는 것이다. 도덕의 해이현상이니 불감증이니 하는 말이 그치지 않는다. 특히 공직에 취임

하는 사람들은 공직자에게 요구하는 기본 덕목인 청렴, 정직, 공정, 성실, 친절 등이 몸에 밸 정도로 투철하였다면 이런 창피는 면했을 것이다.

요즈음 이런 상념들 속에서 살아온 날들을 점검을 해본다.

누군가 "너 자신으로 돌아가 좋은 일, 착한 일을 얼마나 했고, 진정한 축하를 얼마나 받아보았는가?"라고 묻는다면 나는 '이것이다'라고 떳떳하게 대답할 수 없다. 그런 일들이 별로 떠오르지 않기 때문이다. 우선 개념정리 후 헤아려본다.

착한 일은 어떤 것인가? 조선조 휴정대사가 유·불 사상을 자연스럽게 융화하여 임란·호란으로 흉흉해진 민심을 다스리기 위하여 지은 「회심곡」 가사를 의역(意譯)하여 이에 해당되는 착한 일 좋은 일을 추려 옮겨본다. 충성·효도하는 일, 헐벗고 굶주린 사람들 구호하는 일, 나그네에게 쉼터를 제공하는 일, 다리를 놓아 발을 벗지 않고 안전하게 물을 건너게 하는 일, 목마른 사람에게 물을 주어 해갈토록 하는 일, 병든 사람 치료하여 살려주는 일, 좋은 일 착한 일 하도록 사람들을 일깨워주는 일 등이다.

나는 교정행정에 30년 가까이 몸담은 공무원으로 '착하게 살아라.' '좋은 일 많이 하라.'는 주제로 수용자들에게 말로, 글로 수없이 가르쳤고, 공무원으로 반역을 도모하지 않고 나라에서 부여한 일을 큰 잘못 없이 수행하였으니 불충은 면한 것 같다.

아버님은 84세, 어머님은 상수(上壽)에 나의 집, 나의 품에서 돌아가셨으니 겉으로 보면 일단은 불효막급은 면했다고 자위(自慰)할 수도 있는데, 웬일인지 얼굴이 화끈 화끈 달아오른다. 병들고 헐벗고 굶주리고 고단한 사람을 구호하는 일에는 직접 참여한 일은 별로 없으나 이런 일을 전문으로 하는 시설・단체에 정기 또는 수시로 몇 푼을 지로로 입금시키고 있다. 지금은 다리 놓고 도로 내는 일은 국가에서 맡아하니까 관심 없이 지낸다. 이런 정도 평범하게, 그 이하로 살아온 나에게 축하하는 현수막이나 화환은 해당 없는 일이다. 다만 피붙이들이 나의 출생을, 진학을, 승진・영전을 기뻐했고, 승진・영전할 때 일터의 동료・선후배 몇 사람이 축전을 보냈을 뿐이다.

반면 나에게 관심과 기대를 가진 동네・문중 사람들과 모교 선・후배들, 그리고 희망을 건 피붙이들에게 실망과 좌절을 안겨주었거나 자괴감이 생기도록 하지는 않은 것 같다. 공직 중 부정・비리 유혹에 휘말리지 않고 명예감정을 상하지 않은 것은 피붙이들의 희생과 강한 인내심 덕으로 안다. 그러나 부모님의 하늘에 닿는 정성과 기대에는 미치지 못하여 '곳등시린 불효'를 늘 가슴에 묻고 산다.

한때 혜성같이 나타나 유성처럼 사라진 역사적인 위대한 인물을 꿈꾸어 보지 않은 사람은 거의 없을 것이다. 그러나 일제 말기에 태어나 초등학교 2학년에 해방, 중학교 1학년에 6・25전란, 자유당 독재, 대학 4년에 군사혁명, 68년 9급 공무원, 유신, 민주항쟁, 문민정부 시절인 96년 공직 명예퇴임 그리고 야인으로 10여 년이 흘렀다. 이시기는 누가 무어라 해도 격동기로서 칭찬받을 일도 축하받을 일도, 큰 잘못이나 크게 부끄러워할 일 없이 살아온 것에 만족한다.

칭찬과 비난에 마음 쓰지 않고 앞만 보고 걸어온 나와 연이 닿았던 모든 사람들에게 머리 숙여 감사한다.

이순(耳順)을 지나 '종심소욕 불유구(從心所欲 不踰矩)'라는 고희(古稀)를 앞둔 지금 헐떡거릴 일도 이유도 없다. 오직 마음 잘 다스려 산처럼 바위처럼 살다가 노란 은행잎 떨어지듯 그렇게 아름답게 정갈하게 마침표를 찍고 싶을 뿐이다.

(05. 11. 『한맥문학』)

피아노 건반 위를 굴러오는 소식

큰딸이 출가한 지 벌써 7년이 지났다. 대학 시절 종교동아리에서 만나 연애 끝에 신랑 직장이 있는 거제도로 시집가서 속내는 모르지만 겉보기에는 잘살고 있다. 기술 분야에 일을 하면서도 선박수주를 위하여 해외출장을 자주하는 사위는 능력을 인정받아 입사동기 중에는 제일 먼저 과장에 승진하여 '턱'을 일곱 번이나 치르느라 비명소리가 들린다. 그러나 내가 듣기에는 즐거운 비명 같다.

딸은 과외교사를 열심히 하여 연간 천여만 원을 버느라 밤늦게까지 수고를 한다. 그사이 무료한 외손자 남매는 시샘을 하면서 번갈아 서울 외할머니와 이모에게 전화질이다. 무슨 소린지도 모르는 이야기를 열심히 늘어놓으면 '그래, 그래 응, 응' 전화가 한없이 길어진다. 이모나 외할머니는 적당한 기회를 골라 끊느라 애를 먹는다. 그러다가 가끔은 나에게로 차례가 오면 한두 마디하고는 쩔쩔 맨다. 손자 놈이 무섭고 어려워서가 아니라 대꾸할 말이 궁해서이다. 그러다보면 나하고의 폰팅에 흥미를 잃은 외손자는 호흡을 잘 맞춰주는 이모를 바꾸라고 하다. 나는 바로 이때다 하고는 얼른 수화기를 인계하고 나서 숨을 크게 돌린다.

그러기를 몇 해가 지나는 사이 외손자는 유치원에 가고 피아노학원이다 미술학원이다 이리 저리 다니다가 올해에는 초등학교에 진학한다. 저희 이모들이 책가방・신발주머니・공책・물감 등을 사서 보내느라 정성을 쏟는 것을 보면 동기의 정이 무엇인지 흐뭇한 느낌이다.

나에게는 딸 셋이 있고 아들 하나가 있는데 아들이 세 번째이니 외손자 남매가 나의 차 차기에 해당하는 혈육들이다. 애들이 처음 세상에 태어나 외갓집에 와서 온 집안을 난장판을 만들고 애를 먹일 때는 빨리 저희 집으로 갔으면 하고 은근히 바랐고 또 돌아가는 뒤통수가 더 아름다웠는데 지금은 말도 잘하고 귀도 열려 제법 의젓하고 귀여움이 철철 넘친다.

출가한 둘째딸이 어느 날 갑자기 전화를 했다.

"아버지! 준성(외손자)이가 피아노학원에 다니는데 언니는 피아노를 사줄 힘이 부족한가 봐요, 아버지가 초등학교 입학 기념으로 피아노 한 대 사주면 어떠세요?"

"뭐! 피아노라고? 퇴임한 아버지가 무슨 힘이 있다고!"

"아버지 능력 있잖아요." 하면서 여러 소리로 아양을 떨어댄다. 둘째는 출가 후에도 계속 직장에 나가면서 맞벌이 하는 처지에 아이 소식이 없어 애태우는 주위 어른들에게 며칠 전에 임신 3개월이라는 소식을 전하여 귀여움을 받고 있다. 성격이 명랑하고 붙임성이 있어 사남매 중 대학은 제일 처지는 학교를 나왔으나 일복은 있어 좋은 직장에 취직하여 교직에 있는 제 남편보다 월급이 많다. 돈독이 올라서인지는 몰라도 출산 후에도 직장에 계속 나갈 계획까지 짜놓고 있는 모양이다.

질긴 성격이라 한 번 말을 내놓으면 끝을 보고야 마는 것을 잘 아는 나는 도대체 둘째의 피아노 발상이 의외라 그 진의가 알고 싶어 재도전하기를 기다렸다. 아니나 다를까 며칠 지나서 또다시 피아노 사주라고 아양을 떨기 시작한다. 나는 너희 언니가 시켰는가? 아니면 덩달아 너도 피아노 한 대 얻고 싶어서인가? 그것도 아니면 무엇이냐고 다그쳤다.

"아버지는, 제 걱정은 접어두세요. 저는 맞벌이 하니까 언니보다 형편이 나아요. 언니는 형부 혼자 버는 것 가지고 살려니 빠듯한가 봐요. 보기 안타까워서 그러는 거예요."

역시 인정 많고 싹싹한 성품이 그대로 드러난다 싶어 나는 듣고만 있었다.

그 후 한 달 정도 지났을 즈음에 큰사위가 저희 식솔들을 서울에 데려다 놓고 해외출장을 떠났다. 전에도 저희 남편 해외출장가면 거제도에 혼자 있기 싫다고 친정에 와 있다가 가는 습관이 애가 둘이나 딸린 지금까지도 유효한가 보다.

서울에 오면 항상 시가에는 신고 삼아 하루나 이틀저녁 자면 친정에 눌러 앉고 만다. 이번에도 그런 것 같다. 그 후 외출 다녀오는 나를 보고 아내가 "오늘 준성이 할머니를 만났는데 글쎄 준성이놈이 '우리 외할아버지께서 피아노 사주실 거예요'라고 하면서 저희 할머니에게 자랑을 늘어놓잖아요." 한다.

"그래! 안사돈 반응은?"

"그냥 웃기만 하지 뭐라고 하긴요."

이번에는 과외학생들 때문에 이틀 밤을 더 자고 딸애는 자식들 데리고 거제로 떠났다.

나는 목전에 전개되는 일들을 아무리 생각해봐야 사주지 않고는 못 견디게 되어간다고 생각되었다. 깊은 곳에 숨어서 지휘하는 사려 깊은 큰딸, 끈질기게 그러면서도 화려한 언변과 애교로 돌진하는 행동파 둘째딸, 침묵으로 관전하다가 결정적인 순간 스트라이크 한 방을 먹이는 막내딸의 정교한 플레이에 노장인 내가 스트라이크아웃 당한 것이 어찌 한두 번인가. 그러나 그 패배는 시간이 한참 흐른 후 모두 나의 승리로 승화되었다.

아들은 늘 파장에 슬금슬금 나타나 '아버님! 잘하셨어요.' 하기 일쑤다. 나는 또 항복하기로 했다. 그래서 기왕에 사줄 바에야 명절 전에 사주는 게 낫겠다 싶어 아내와 같이 백화점에 가서 피아노 모델과 가격을 조사한 후 그곳 대리점에서 구입하도록 송금하였다.

돌아오는 차안에서 너 이놈 행동대장, 한 번 보자! 너도 괘씸죄로 피아노로 뒤통수를 얻어맞을 날이 있을 것이다. 혼자 중얼거리는데, 아내가 "무슨 말이에요?" 한다. "그래야 공평하잖아!" 하니 얼른 이해하지 못하는 것 같다. 다시 나는 막내는 지금 '있는 것' 가져가면 되고 말이야! 하니, 한참 후 하는 말 당신이 이 세상에서 제일가는 아빠라는 것을 이제 알겠어요! 한다. 듣기에 거북한 말은 아니다.

다음날 큰딸이 밤새 한잠도 못 잤다고 전화를 했다. "잠을 못 자다니 왜?" "너무 기뻐서요. 그리고 준성애비 승진한 후 겹친 일이라 '세상에 나만큼 행복한 사람이 있을까 싶어서요." 한다. 외손자 놈은 어른이 시켜서 하는 것처럼 매끄럽게 고맙다 하고 제 애비까지 바꾼다.

"뭘 그런 걸 다 사주십니까? 하여튼 고맙습니다."

그 후부터 거제도에서 오는 소식은 매번 외손자의 피아노 건반 위를 굴러온다.

(98. 11. 『수필문학』)

한시(漢詩)로 세월 줍기

하늘이 불타오르는 만큼 숲은 우거지고 바람이 자주 불면 비도 자주 내린다. 타는 하늘과 자라나는 숲, 부는 바람과 쏟아지는 비가 순조로우면 풍년이 들고 무더운 여름나기도 그리 힘들지는 않을 듯싶다. 그러나 그게 조화롭지 못 하여 장마가 계속 되든가, 찌는 더위만 이어지면 불쾌지수로 견디기 어려울 것이다.

그럴 때는 밖으로 나가 '달이 조화(造化)를 부린다'는 시선(詩仙)들의 시를 읊조리면서 마음의 파도를 잔잔하게 가라앉히면 무더위도 슬금슬금 물러나고야 말 것이다. 하여, 송시(宋詩) 백선(百選)에 실린 문동(文侗)의 시를 소개한다.

新晴産月(신정산월: 방금 뜬 맑은 달)

高松漏疏月　落影如畵地(고송루소월 락영여화지)

徘徊愛其下　夜久不能寢(배회애기하 야구불능침)
劫風池荷卷　病雨山果墜(겁풍지하권 병우산과추)
唯伴子苦吟　滿林啼終緯(유반자고음 만림재종위)

높은 소나무가 달을 분만하니 그림자는 땅에 그림을 그리듯 내리네
그 아래가 좋아서 돌아다니다가 밤이 깊도록 잠자리에 들지 못하였네
무섭게 부는 바람은 연못을 뒤엎고 병이 든 비는 산과일을 떨어뜨리네
누가 있어 시름에 겨운 탄식을 나눌까 울음소리만 가득히 숲을 휘감네.

소나무는 달도 낳고 해도 낳는지? 그림자는 정말 땅에다 그림을 그리는 것인지? 생각해보면 발상이 기발하다. 이에 매료되어 밤이 깊도록 싸다니다가 갑자기 폭풍우에 연못이 넘치고 산과일이 떨어지니(변화무쌍한 세피에 시달리는 민초들의 고통) 재해(災害)를 입은 민초들의 시름과 탄식이 세상에 가득하다 함이라.

步月(보월: 달이 걸어가다)

掩卷下中庭　月色浩如水(엄권하중정 월색호여수)
秋氣涼滿襟　松陰密鋪地((추기량만금 송음밀포지)
百蟲催夜去　一雁嶺寒起(백충최야거 일안령한기)
靜念忘世紛　唯同此佳味(정념망세분 유동차가미)

책을 덮고 뜰 가운데 내려가니 달빛은 물과 같이 넓구나.
가을기운은 소매 가득 서늘하고 소나무 그늘은 땅 깊숙이 덮는구나.
모든 벌레들은 밤이 가기를 재촉하고 한줄기 기러기떼 영마루에 추위를 부른다.
어지러운 세상 온갖 망념 지워버리니 무엇이 이 아름다운 맛에 비하랴.

책을 읽다가 밤늦게 문 밖으로 나와 보니 달빛이 천하에 가득한데 오히려 넓다니? 기운이 찬 것은 맞으나 소나무 그늘이 깊다니? 뭇 벌레가 울면 과연 밤이 재빨리 도망갈까? 기러기는 영마루를 날아갈 뿐인데 겨울을 따라온다니? 세상 시름 다 털어 버리면 정말 아름다운 맛이 나는지? 아마도 걸어 다니는 달의 조화가 아니라 작가의 상상이지 싶다.

신정산월은 '시름에 겨워 우는 소리가 숲을 휘감는다.' 하였고 보월은 '온갖 망념 다 털어버리니 아름다운 맛 비할 데 없다 하였다.' 한 사람이 같은 소재로 쓴 시인데 한수는 슬픔으로 또한 수는 기쁨으로 갈린다. 아마도 이는 때에 따라 변하는 작가의 감상일 터, 왈가왈부 할일은 아니라고 본다. 다만 독자들이 공감하느냐 마느냐의 문제로 남을 뿐이다.

그래서 시인은 제2의 창조자라 한다. 온갖 사물을 맘대로 해석하고 의미를 부여하여 세상에 내어놓으면 독자들이 읽고 공감하니까 그리 말하는 것이다.

시 감상에 몰두한 독자는 잠시라도 여름밤을 상쾌하게 보낼 것이다. 그리고 '신정산월'을 진하게 느낀 분은 감상적인 분이고, '보월'에 호감을 갖은 분은 낙천적인 성품이라고 해도 될는지 모르겠다.

무더운 여름나기에 성공하여 얼짱·몸짱은 젊은이들 차지라 하니 건짱이나 찾기를 바란다. (2011. 2. 『한맥』)

간 큰 남자

이제 3개월 후면 공직을 마감하고 당신 곁에서 살게 될 것 같습니다.

결혼 34년 동안 교도관을 남편으로 맞은 덕에 우리가 함께한 세월은 10년도 채 안될 것 같소. 내가 역마살이 끼어 1년이 멀다하고 전국 각지로 돌아다녔으니 언제 한 번 진득하게 눌러앉아 생활해 볼 수가 있었으며, 살림살인들 제대로 꾸려갈 수가 있었겠습니까? 그러나 그런 와중에도 당신은 가정의 중심이 흔들리지 않게 아이들을 돌보고, 내가 떳떳하게 공직생활을 할 수 있도록 철석같이 내조를 해주었습니다. 내 어찌 당신의 고달프게 살아온 내력을 허투루 여기며 마음깊이 감사하지 않을 수가 있겠습니까?

부부의 연을 맺은 당신과 나는 성도 다르고 성격도 다릅니다.

나와 같은 병자생이지만 나보다 백일 후에 세상에 태어났으니 생일도 다르지요. 그러나 파란만장한 세월을 살다보니 성격도 닮고 생각도 닮고 어쩌면 겉모습까지도 오누이처럼 서로 닮았는지 모르겠습니다.

이제 평생직장을 떠나 안식처인 내 집에서 붙박이로 생활할 수 있다니 마음 편하기 그지없으나 한편 그동안 직장 핑계로 남편 역할, 아빠노릇 제대로 못했다는 자격지심에 미안한 마음이 듭니다.

여보! 당신 기억나는지 모르겠어요. 우리들의 첫 만남을 말이요. 그 당시 내가 동생(희관)을 찾으러 당신 집에 갔을 때 당신 아버님이 나를 보고 마음에 드셨는지 눈치 빠른 당신 동생은 친구인 내 동생에게 중매를 부탁했었소. 결국 동생들 공작에 우리는 부부가 되고 저희들은 사돈이 된 것이니 고마운 동생들이지요. 당신 아버님 형제분이 우리 집 사랑방에 오셔서 나를 면접하시고, 나의 어머님과 내가 당신 집에 가서 선을 보았지요. 그날 살며시 문 열고 들어서던 당신 모습을 보고 내 가슴은 더 없이 콩닥거렸지요.

당신은 정말 아름답기 그지없는 청초한 모습이었습니다. 살포시 앉아 무릎 세우고 다소곳이 시선을 내리깔아 수줍게 미소 짓던 그 모습에 나는 그만 반해 버렸다오. 당신은 어머님의 물음에 몇 마디 대답만 하고 조용한 자태로 말씀을 경청하고 있었는데 그 모습이 그렇게도 마음에 들 수가 없었소.

어른들께서 우리 둘만의 시간을 위해 자리를 피해주시자 내가 제법 유식한 체하면서 여러 가지 질문을 했지요. 당황한 당신의 얼굴이 붉어지며 어찌할 줄 몰라 하던 그 모습을 생각하니 지금도 '못할 짓'을 했다는 생각이 듭니다.

어디 그뿐입니까? 여러 번의 고비를 넘기면서 양가의 승인 하에 가끔 만나기는 하였지만 나는 당시 고시 준비생인 관계로 항상 시간은 물론 마음의 여유가 없던 터라 우리 둘이서 밀월을 즐길 수는 없었지요. 지금 생각해 보면 참으로 멋없고 분위기도 모르는 남자였던 것 같습니다.

그해에도 그만 낙방을 하고 나는 5·16 군사혁명 후에 그동안 미루어 오던 군복무를 피할 수 없어, 사모관대하고 족두리 쓰고 결혼한 지 7일 만에 군에 입대했습니다. 신부인 당신에게 이보다 더 '못할 짓'이 어디 있겠습니까? 그런 남편인 줄 알면서도 내게 와준 것이 고마울 따름이지요.

지혜로운 당신은 남편이 생산자(고시합격=취업)가 될 때까지 고시공부 뒷바라지를 하여야겠다는 명분으로 부모님을 설득하여 서울에서 회사에 다니는 당신 이종(광자)집에 기식하면서 뉴스타일 양재학원에 다닐 지혜를 짜내었습니다.

모내기를 마친 시아버님께서 보리쌀 한 가마 팔아주신 돈으로 학원 입학금 내고 친정 오라버니가 주는 차비로 서울에 올라왔다는 당신의 말은 말이 쉬워 서울행이지 그 얼마나 모진 고생길 이었겠소. 아직도 나는 그때 당신의 상황을 가슴 아프게 기억하고 있습니다. 학원비가 모자라 버스나 전차는 탈 엄두도 못했으니 끼니나 제대로 찾아 먹었겠소? 형편이 정 어려울 때면 고향에 내려가 20여 일씩 결강을 하면서 재단·재봉 양과를 방아다리 건너는 식으로 졸업하였으니, 웬만한 여자들 같으면 중도포기 했을 겁니다.

그때 나는 최전방 불무리부대에서 복무하던 일등병 시절이니 잠시 외박 나와 당신의 형편을 살핀들 별 뾰족한 수가 있었겠으며, 위안인들 제대로 하였겠습니까? 귀대 길은 정말 무겁고 침통한 길이었으며, 당신 생각 때문에 사는 게 사는 것이 아니었지요.

다행히 군의관(전 중위, 의무지대장)께서 나의 형편을 잘 살피시고 자기 숙소(영외거주)에서 공부하라고 격려하여 주었기에 꺼졌던 투혼을 되살려 공부하였었지요. 그해 일등병이 다 해진 야전잠바 입고 시험장(성균관대학)에 나타날 수 있었던 것은 커다란 행운이었습니다. 그러나 합격이란 행운은 따라주지 않았고 결국 나는 고시에 대한 꿈을 털어버려야만 했습니다. 이것은 당신에 대한 얼마나 큰 배신이며 자기 합리화였겠소? 그야말로 '못할 짓'이었지만 사실 나의 번뇌와 갈등은 참기 어려웠습니다.

당신은 학원 졸업 후 어른들 모시고 맏며느리로서의 일상으로 돌아갔지요. 마침 학원동기생이 당신의 양재기술이 아깝다고 자기가 경영하는 양장점을 함께 운영해보자는 제의를 받아 꿈을 펼칠 수 있는 좋은 기회였지만 집안 대소사에 필히 참여하고 챙겨야 하는 맏며느리의 입장에서는 깊은 고민 끝에 접어야 했던 일을 나는 아직도 기억하고 있습니다.

당신은 대단한 투자(서울 유학)에 따른 수입(개업)의 기대치도 높고, 또 배운 기술 썩히는 것 같아 개업을 해야겠는데 돈은 없고…. 여하튼 고민 끝에 당신은 용기를 내어 아버님에게 가게 한 칸 얻어달라고 떼를 썼지요. 아버님은 여름곡식과 장리쌀 팔아 조치원읍 중앙극장 앞에 가게를 열어주었지요. 그러나 막상 가게 문을 열고 보니 그야말로 당신에게는 고생문을 연 것이었습니다. 운영자금이 모자라 일수 돈 등 급전으로 지탱하던 양장점이 제대로 운영된다면 그게 이상한 일이지요.

물론 당신의 꼼꼼한 양재기술이 사람들에게 인정을 받아 일감은 끊이지 않았지만 종업원 월급주고 이자 갚다보면 매일 빚 속에 허덕임은 뻔한 일이지요. 내막도 잘 모르시는 가족들은 때론 오해하고 불신하였으며, 특히 같은 동네에 있는 당신 친정집 형편이 좋지 못했던 터라 더욱 구설수에 올라야 했었지요. 남편이라고 군대 제대 후 빈둥거리는 한량이었으니 당신의 처지는 더욱 고달픈 시름의 나날이었지요.

그 당시 나도 염치가 없어 큰딸이 돌이 지났을 때에야 자그만

섬유회사에 취직하였고 당신은 양장점을 처분하였소. 본전은 그만 두고 빚만 안게 되어 그 빚을 장모님이 몽땅 떠맡아 남모르게 몇 해를 두고 갚으셨다는 것을 먼 훗날에야 알았을 때 나는 참 얼굴도 두껍다는 자괴감이 들었었소.

내가 취직한 지 2년도 견디지 못하고 회사를 뛰쳐나오니 집안이 발칵 뒤집혔고, 고향으로 다시 돌아가자니 도살장에 끌려가는 기분이었소. 여보! 내가 그처럼 뻔뻔스럽고 염치없는 미련한 남편이었습니다.

그러나 68년 2월에 말단 교도관으로 취직하여 청주시 탑동의 장씨집 방 한 칸 얻어 살 때 비로소 신혼기분이 났던 것을 기억하는지 모르겠소? 결혼 후 6년 만의 달콤한 생활이었습니다. 그때에도 당신은 배운 기술 썩히면 무엇 하겠느냐며 삯바느질로 푼푼히 모은 돈으로 살림에 보태니, 당시 5천원짜리 월급쟁이에겐 큰 힘이었지요. 당신은 정성스레 만든 옷을 네 살배기 큰딸에게 입혔고, 나는 비번이면 윤주 손을 잡고 청주 본정통 길을 거닐며 패션쇼를 벌이곤 하였지요.

다음 해 내가 간부시험에 합격하여 서울 고척동 홍씨집으로 이사 온 후, 주임 월급이라야 1만원 미만이었으므로 당신은 삯바느질의 길로 다시 나섰지요. 한창 바쁠 그때 둘째 딸 주현이가 태어나 당신은 더욱 힘들었을 게요.

당신이 밤을 밝혀 번 돈으로 우리 네 식구 생활비로 썼고 내

월급은 저축하니 목돈마련이 쉬워졌지요. 마침 주인집에서 길가로 가게를 지으니 그 자리에 양장점을 내었지요. 쓰라린 실패의 경험이 있는지라 우리는 그 일에 매달리지 않을 수가 없었습니다. 비번 날이면 나는 동대문 시장에서 옷감, 안감, 재봉실, 단추 등 여러 가지 재료를 사다 날랐고 당신은 밤새워 재봉틀을 밟아야 했지요. 마침 두 칸 방이 달린 장씨네 가게로 이사를 가니 고향 손님이 오셔도 편안히 쉴 수 있는 공간이 생겨 좋았지만 친인척 출입이 잦아져 씀씀이도 버는 만큼 늘어났습니다. 그러나 그때부터 운이 트이려는지 당신 가게도 잘 되었고 나도 승진하여 본부로 영전하였었지요. 더욱이 동생들 취직하고 장가드는 와중에 아들 승균이가 태어나 할머님과 부모님께 큰 기쁨을 안겨드리니 세상 살맛났습니다.

물론 그것은 전적으로 당신의 인내와 근검절약으로 얻게 된 수확이었습니다. 당신은 혹시라도 정종 한 병, 고기 한두 근 선물로 받으면 그것을 조상님 제삿날이나, 집안 어른들 생신에 맞추어 보내드리곤 하였지요. 옆집 만화가게에 가서 TV를 보다가 꼬집혀 울며오는 둘째 딸을 수없이 달래면서도 2년이 지나서 TV 2대를 사서 시부모님께 보내드리고 우리도 보았으니 알뜰 아낙네요 효부였소. 또한 자투리 천으로 아이들 옷을 해 입히며 낭비하지 않고 절약하던 당신의 생활은 내 아들 딸들이 본받아야 할 귀감이요, 길이길이 물려줄 미덕이지요. 그동안 집안 대소사에 참여하여 나름대로 체면치레도 하고 위선사업도 하면서 살 수 있게 된 것이 모두 당신 덕이지요.

이제 환갑이 되어 생각하니 그동안 불같은 내 성격이 당신 속을 썩이고 괴롭힌 것만 같아 면목이 없소. 물론 그때마다 당신은 못 본 체 참고 이해하며 극진한 사랑으로 지아비를 받들었기에 오늘의 내가 있는 것입니다. 참으로 감사하고 미안한 마음이 태산 같습니다.

내가 앞으로 요즘 말하는 '간 큰 남자'로 살지, 고개 숙인 남자로 살지 모르지만 그런 것에는 개의치 않겠소. 이제 멀리 떨어져 살지 않아도 되고, 직장일로 집을 비울 일도 없어져서 좋기만 합니다. 지난 세월 분하고 힘들고 괴로웠던 일이 있더라도 이제 더 이상 가슴속 응어리로 품고 살지 맙시다.

젊은 시절 당신의 아름다운 모습을 나는 아직도 고스란히 기억하고 있습니다. 그러나 지금의 당신 모습에서 나는 더욱 깊은 연민의 정이며, 묵고 묵은 따뜻한 향기를 느낍니다. 굳이 이심전심이란 말을 빌릴 것 없이 당신 마음 내가 알고 내 마음 당신이 아니 우리는 천생연분이요 조상님이 짝지어준 배필이 아니겠습니까?

여보! 오늘은 당신이 더욱 우아하게 보이는구려. (96. 10.)

개 무덤에 헌화를…

요즈음 공원이나 산책길에서 애완견을 데리고 다니면서 때로는 가슴에 껴안고 마냥 행복해 보이는 여인들을 본다. 가끔은 신분과시를 위하여 티를 내는 사람들도 볼 수 있다. 공원을 다니다가, 교통시설을 이용하다가 배설물을 수거하지 않아 개망신을 당하는 귀부인(?)도 가끔 본다.

얼마나 개가 좋으면 이런 수치심을 감내하면서 데리고 다닐까? 애완견 마리당 3~4백만 원 이상을 호가하는 토종인 진돗개·풍산개를 비롯하여 강남 아파트 한 채 값에 버금가는 티베트산 신견(神犬)이라는 티베탄 마스티프를 가진 사람은 아마도 신분과시를 할 만할 게다.

하기야 개는 동물 중에서도 영장류에 속하여 수렵·목축·경주·수색·애완 등 그 활용도가 높을뿐더러 눈이 많이 내리는 북쪽지역에서는 썰매를 끌고, 티베트에서는 짐을 실어 나르기도 한다. 조선 중종 때 전라감사 정엄(鄭淹)은 통신 업무에 개를 이용하여 막대한 예산을 절약하였다고 한다. 그리고 개가죽은 장구를, 꼬리는 비를, 털가죽은 방한용 외투를 만들어 사용했다.

중국이나 우리나라에서는 식용으로도 활용한다. 동국세시기(東國歲時記) 삼복조(三伏條)에는 마늘을 넣고 삶은 개고기는 더위를 이기는데 효험이 있고 또 병후회복에 좋다하였다. 식용으로는 누런 개(黃狗)를 으뜸으로 쳤고 그것도 수컷일수록 보신에 좋다고 여겼다. 황구로 빚은 술을 무술주(戊戌酒)라 하여 공복에 마시면 원기회복에 그만이라고 하였다. 동의보감(東醫寶鑑)에는 수캐고기는 오로칠상(五勞七傷)을 보(補)하고 피는 난산(難產)을, 음경(陰莖)은 상중절양(傷中絶陽)과 음위불기(陰萎不起)를 다스린다고 했다.

이렇게 개는 살아서도 죽어서도 사람에게 좋은 일만 하니 사랑을 받을 수 있었다. 따라서 우리나라는 개에 대한 민속·설화가 풍부하다. 개는 주인에게 충성을 다하고 의리가 있어 위란(危亂)으로부터 주인을 보호하고 가산(家産)을 지켜준 사례가 많다. 전국에 걸쳐 산재(散在)한 의구총(義狗冢)과 의구비(義狗碑)가 이를 증거하고 있다. 경북 선산군 도개면 신림동, 평남 용강군 귀성면 토성리, 충남 부여군 홍산면 복촌리, 전북 임실군 둔남면 오수리 등에 의구총·의구비가 남아 있다. 그리고 경주에 사는 최씨댁 과부가 죽은 후 환생하였다는 개 무덤이 있는데 지금도 최씨들이 성역(聖域)으로서 잘 보전하고 있다.

설화를 살펴보면 화제로부터 주인을 구하고 죽은 개의 충직과 의리를 선양한다든가, 고려 충렬왕 8년에는 개성 진고개에 눈 먼 고아를 데리고 다니며 밥을 얻어 먹이고 물을 먹여 키웠다는 개에게 나라에서는 벼슬을 주어 칭찬하였다든가, 경주에 살던 최씨집 과부가 슬하의 남매를 키우느라 고생하면서 세상구경 한 번 못하고 죽은 후 자식 집에 개로 환생하여 살다가 어느 날 스님이 개의 전생을 이야기하자 자식들이 개를 극진히 봉양(奉養)하면서 팔도강산을 유람 시키고 집으로 돌아오는 길에 그 개는 갑자기 앞발로 땅을 파헤치면서 죽었다. 바로 그 자리에 무덤을 썼는데 당대에 발복(發福)하는 명당(明堂)으로 자자손손 부귀영화를 누렸다고 한다. 그리고 백제 멸망 후 왕도의 개들이 궁을 향해 합창으로 호곡(號哭) 했다든가, 임진왜란(壬辰倭亂) 직전(直前) 진도의 개가 일본을 향해 몇 날 며칠을 짖었다는 이야기도 전한다.

그밖에 개를 영물로 보아 나이가 10년 이상이면 둔갑(遁甲)한다 하여 기피하였고 관상을 보아 선택하고 개의 행동을 유심히 관찰하여 앞날을 예측하기도 하였다.

현대판 의구와 의구총도 있으니 최근에 전남 진도군의 신면 돈지리에서는 주인할머니와 진돗개의 모습을 동상으로 세워 기리고 있는데 사연은 이러하다. 1993년 대전 사람에게 팔려간 진돗개는 자신을 키워준 박복단 할머니를 잊지 못하고 7개월 만에 300km가 넘는 거리를 달려 뼈와 가죽만 남은 모습으로 그리던 주인의 품에 안긴 일화는 너무나 유명하여 광고 모델로 등장하기도 하였다. 그 후 14살의 나이로 주인의 품에서 죽으니 그 사연을 기리고자 동상을 세운 것이다.

그밖에 진돗개에 관한 일화로 2002년 8월 주인이 지병으로 죽자 시신 곁을 지키고 앉아 운구(運柩)를 못하게 한다든가 운구차를 4십리나 따라갔다는 진도군 의신면 옥대리 네눈박이 진돗개 이야기 등 현재에도 의견, 충견이야기는 많다. 심지어 장애인들은 이들 충견에 의지하여 불편을 다소나마 극복하면서 살아간다. 특히 자식들마저 찾아오지 않는 고독한 노인들에게 견공(犬公)은 자식, 애인, 비서, 친구, 도우미, 경호원 등 다양한 역할을 한다.

개에 관한 속담도 또한 풍요로우나 유감스럽게도 천하게 비유한 것이 대부분이다. '개꼬리 3년 두어도 황모 못된다.' '개가 똥마다하나.' '개같이 벌어서 정승같이 쓴다.' '개똥도 약에 쓰려면 없다.' '개판이다.' '개똥밭에 굴러도 이승이 좋다.' '개발에 편자다.' '개 따라가다 보면 뒷간으로 간다.' '개 발싸개만도 못하다' 등 비하하고 업신여기는 내용이다. 아무튼 예로부터 개를 '잡귀와 액운을 몰아내어 집안의 평화와 행복을 지켜준다'는 벽사수복(辟邪守福)의 상징으로, 주인을 지켜주는 충직과 의리의 화신으로 여겨 왔음은 부인할 수 없다.

금년 한 해는 정치판이 '개판' 소리를 듣지 말기를 바란다. '개 발싸개만도 못하다'는 비난을 서로 하지도 듣지도 않는다는 각오로 산다면 적어도 '개만도 못한 인간'은 사라질 것이고 명랑한 윤리사회는 자연스레 다가올 것이다.

이 나라의 지도자들도 충직·의리로 돌아가 부정·비리·배신을 추방하는데 앞장선다면 얼마나 좋을까. 금년 설날에는 마음이 밝고 바르지 못하고 독선, 배타, 교활, 타산에 능한 사람들 특히 정치지도자들은 의견(義犬)과 충견(忠犬)의 무덤에 꽃 한 송이이라도 바치면서 '새사람 되겠다'는 결의를 다지라고 한다면 지나치다고 할까?

전국에 산재해 있는 의구총에 서기(瑞氣)가 어리고 향기가 강산을 덮는 날에는 아마도 정의와 도덕이 살아 숨 쉬고 건강과 행복이 넘쳐 살맛나는 나라가 될 것이다.

(06. 2.『문예사조』)

경로효친의 보위(寶位)를 지키려면

우리 사회에는 나이 많은 사람을 존경하는 미풍양속이 면면히 이어져 내려오고 있다. 그리고 부모를 섬기고 정성을 다하여 봉양하는 효도를 '백행지본'이라 하여 권장하여 왔다. 모든 분야에서 나이 많은 어른을 우선 예우하는 '장유유서'도 생활예절로 자리 잡은 지 오래다.

이와 같이 어른을 공경하고 부모에게 효성을 다하는 것은 최고의 실천덕목이다. 현재도 교통요금과 고궁관람료 등을 할인하는 등 각별한 배려를 하여 그 정신을 이어가고 있다.

반면에 이런 뜻에 반하는 고려장이라는 말이 있으나 그 숨은 뜻은 노인을 버리라는 것은 아니다. 깊이 살펴보면 고려장이 고려시대에 시작되고 성행한 것으로 착각할 수 있다. 그러나 우리 역사상 고려나라 이름과 고려장의 고려가 발음이 같은 것뿐이지

고려시대에 늙은이를 버리는 악습이 시작된 것은 아니다. 동·서양을 막론하고 먼 옛날 미개사회에서는 늙어서 정신과 육체가 온전치 못한 부모를 버리는 풍습이 있었다고 한다.

설화를 보면 '70세 된 노인을 그 아들이 지게에 지고 깊은 산속에 들어가서 내려놓고 약간의 음식을 드린 후 지고 갔던 지게를 버리고 돌아온다. 그런데 따라갔던 손자가 그 지게를 다시 지고 온다. 이를 본 아버지 "왜 지게를 가지고 오는가?"라고 물으니 어린 아들 대답하는 말 "아버지도 나이가 들면 이 지게로 지고 와서 버리려고요." 한다. 이 말을 듣고 크게 뉘우쳐 아버지를 도로 모시고 와서 잘 봉양하였다.'는 이야기와 '고려장할 나이에 이른 부모를 차마 버릴 수 없어서 집안에 숨겨두고 봉양하였다. 어느 날 황제는 제후들에게 어려운 문제풀이(나무토막의 위아래를, 건장한 두 마리 말 중 어미와 자식을 가려내는)를 내면서 기한 내에 해답을 올리지 못하면 큰 벌을 주겠다고 한다. 상감과 조정대신을 비롯하여 온 나라가 근심에 싸였다. 이 때 예의 그 아버지가 수심이 가득한 아들로부터 사연을 들은 후, 나무를 물에 띄워보면 약간이라도 가라앉는 부위가 아래요 뜨는 부위가 위다, 그리고 말에게 먹이를 주어보면 먹지 않고 양보하는 말은 어미요 허겁지겁 먹는 말이 새끼라고 가르쳐 주었다. 아들은 즉시 임금에게 그 해답을 올렸고 임금은 이를 바로 황제에게 보고하여 화를 면했다. 이에 온 나라 백성이 근심 없이 즐겁고 평화롭게 살았다. 그 후 왕은 정답을 맞힌 사람을 불러 사연을 들어보니 늙으신 아버지가 가르쳐 주셨다고 사실대로 말하였다. 왕은 노인도 쓸모가 있구나! 하여 국법으로 고려장을 폐지하였다는 설화도 있다.

전자는 불교의 「잡보장경(雜寶藏經) 기로조(耆老條)」의 내용과 유사하고, 후자는 중국의 「효자전(孝子傳)」의 영향을 받은 것으로 보인다. 또 앞의 것은 어린 아들의 재치 있는 언행이, 뒤의 것은 늙은이의 지혜가 악습을 사라지게 한 것이다. 이 두 설화는 인간의 존엄성과 정신적 가치의 중요성을 일깨워준다. 그러나 뒤집어보면 '부모의 은혜와 그 은혜갚음으로서의 효도'를 은연중에 권장하는 뜻도 숨겨져 있다.

이와 같이 부모에게 효도하고 나이 많은 이를 공경하는 생활풍습은 오늘날에도 변함없다. 물론 고령화 사회에 들어서면서 노인부양문제가 사회적 이슈가 되었고, 가끔 노인을 유기·학대하는 등의 기사를 볼 수 있다. 그러나 근본적으로 경로효친사상이 변질된 것은 아니다.

경로당, 독거노인, 양로원, 노인요양시설, 치매병원 등을 찾아다니며 능력과 소질, 기량에 따라 정성을 다하여 봉사하는 개인과 단체, 그리고 말없이 후원하는 이들이 많다는 것은 이를 증거한다. 다만 산업사회와 고령사회의 갈등요소를 어떻게 조화시키느냐에 따라 상황변화가 예상된다.

그런데 공공장소에서 나이나 권위만을 앞세운 나머지 젊은이에게 반말을 하거나 심하게 꾸짖는 등 무례한 노인들을 가끔 볼 때가 있다. 그때마다 노인부양에 허리가 휘는 젊은 세대들에게 부정적으로 인식되어 옛날 고려장이 되살아날까봐 가슴이 철렁 내려앉는다.

그러면 '경로효친의 자리'란 어떤 자리인가?

법도와 왕실규범에 주눅이 든 가운데 사색당파와 간신·권신들에게 휘둘려 뜻 한 번 펴지 못하고, 심지어 독살당할까 봐 전전긍긍하면서 꼭두각시놀음에 지친 몸과 마음을 달래기 위하여 주지육림(酒池肉林)에 빠져 세월만 보내는 제왕의 자리보다, 안줏감으로 풍자와 야유로 경멸을 당하는 이 시대 대통령의 자리보다도 윗자리요 보위 중의 보위(寶位)라 할 것이다.

경로효친은 법 이전에 인간이라면 당연히 지켜야할 천륜·인륜·도덕의 실천덕목이요 금과옥조(金科玉條)로서 오랜 세월 받들어 지켜왔고 미래사회에도 인류의 양심이 살아있는 한 변함이 없을 것으로 확신한다.

그렇다면 그 자리는 정말 영원한 자리인가? 이는 노인들의 자세에 따라 영원할 수도 그러지 않을 수도 있다고 본다.

'경로효친의 보위를 지키는 요체'는 무엇일까? '늙으면 어린아이가 된다' '늙으면 고집만 남는다'는 속담을 잘 삭혀 경박하지 않을 정도의 활달함을, 여러 사람이 공감하는 고집을, 주변 사람들도 인정하는 권위를, 인색하지 않은 베풂을, 따돌림 당하기 전에 양보와 동참을, 젊은이들의 생각과 행위를 이해하고 접근하는 사고(思考)의 전환을, 아들, 며느리, 손자들과 잘 어울리려는 노력을, 적당한 섭생과 취미활동으로 건전한 정신과 건강한 몸 지키기를, 건강이 허락하는 한 일감 찾아하기 등을 꾸준히 실천한다면 멋쟁이 늙은이, 존경받는 어른으로 살아갈 수 있을 터….

이런 늙은이 앞에는 고려장이란 말은 얼씬거리지 못할 것이다. 마음이 넉넉하면 당당하게 살 수 있고, 과거에 얽매이지도 내일을 두려워하지도 않는다면 평화를 누릴 것이다.

경로효친의 보위는 이렇게 지켜는 것이지 누가 안겨주는 것은 아니라는 것을 명심할 일이다.

(2011. 『오우수필』)

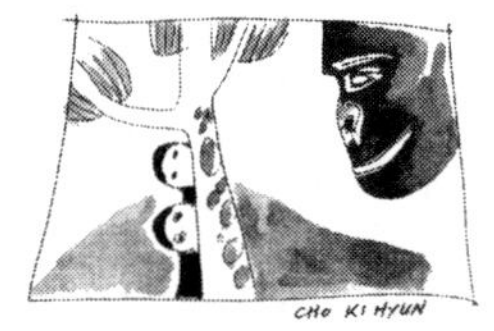

교정의 뜰에 문학의 꽃씨를 뿌리다

- 교도소 문화행사를 마치고 -

문화의 달 시월은 복이 많은 달이다. 여기저기서 춤추고 노래하는 잔치판이 질펀하게 벌어지니 말이다. 그래서 옛날에는 음력 10월을 가장 신성한 달이라 하여 상달(上月)이라 불렀고 농사가 끝나 시간 여유도 있고 햇곡식, 햇과일도 풍성하여 하늘과 조상에게 추수감사제를 올렸다.

나라의 제례(祭禮)로 고구려는 동맹, 예는 무천, 마한은 제천을, 고려는 팔관제, 조선은 맹동제로 이어지다가 현재는 개천절(어천절)로 개국시조 단군의 '홍익인간 이화세계'를 선양하고 전주 이씨는 종묘제례를 지낸다.

민간에서는 마을의 안녕(安寧)·풍어(豊魚)·풍곡(豊穀)을 감사·기원하는 대동굿·도당굿·별신제 등 무속 형태로 명맥을 이어오고 유교의 제례는 가족, 문중에서 조상의 음덕을 기리는 시제를 지낸다.

예로부터 우리 민족은 무리지어 노래와 춤을 즐기는 가운데 상부상조와 환란극복의 끈끈한 공동체를 형성하여, 5천년 동안 전통으로, 문화로 자리를 잡아 단일민족국가를 지키는 힘이 되었다.

10월에는 개천절을 비롯하여 국군, 노인, 경찰, 재향군인, 문화, 체육, 한글날 등 경축일과 기념일은 물론 각종 문화행사가 몰려있다. 중앙정부는 물론 지자체도 지역의 특성을 살려 각종 잔치판을 벌이고는 있으나, 그 내용을 들여다보면 부실하기 짝이 없는 행사가 많아 예산만 축낸다는 빈축을 사기도 한다. 어찌 보면 지자체장과 의원들의 '얼굴내기' 행사는 아닌지 의심이 간다. 문인들도 이런저런 명분으로 몰려다니는데 친목이나 나들이 차원을 벗어나지 못하는 예가 많아 실망스럽다.

평소 이런 생각을 하고 있는 나에게 일거리가 생겼다. 순수문학 동인들과 충북여성문인회에서 영등포교도소와 청주여자교도소 수용자들과 문학의 향기를 나누고 싶으니 섭외를 해달라는 것이다.

나는 평소 영상물이나 소설 등 문예작품에서 교도관을 향기롭지 못하게 표현하는데 불만을 가진 터라 '바로 이때다. 글쟁이들의 인식을 바꾸어 놓을 때는…' 생각이 불끈 솟아 흔쾌히 승낙하였다.

먼저 영등포교도소 교무과장과 실무자에게 상담을 하니 10월 교화계획이 이미 짜여있어 틈이 없고 작년에 같은 행사를 하였으나 관중들의 반응이 차가웠다는 것이다. 난감하여 2~3일 동안 생각하다 못해 소장과 교무과장을 설득하기로 작심하고 현장을 방문하였다.

교정행정에 관한 작품을 보면 수용자들의 지은 죄를 변명하거나 동정의 단계를 넘어 합리화하여 선량하고 아름다운 사람으로 꾸미고, 그들을 보호·교화·선도·교정하는 직원들은 악의 화신인 양 색칠하는 것이 대부분이다. 현직에 있을 때 이런 영상물이나 작품을 보고는 방송국이나 작가에게 항의를 하여 바로잡고 사과도 받아냈지만 역부족이었다. 교도관의 이미지가 작가들의 붓끝에 달렸다고 보아도 지나친 말은 아니다. 그들을 수시로 불러들여 현대화된 시설과 각종 교화시스템, 직업훈련 그리고 세계 정상급수준인 인권보장 제도를 홍보할 필요가 있다고 진지하게 설명을 하니 공감한다. 다음날 종교위원의 양해를 얻어 불교행사를 빼고 문학행사를 하기로 하였다며 날짜를 정하여 알려준다.

겨우 숨을 돌리고 있는데 충북여성문인회장으로부터 같은 내용의 도움을 청하는 전화를 받았다. 바로 소장과 교무과장에게 전화상담을 하니 작년에 이은 행사라 계획에는 잡혀 있으나 '행사의 부실과 수용자들의 차가운 반응, 주최 측의 열정에 교무행정이 따라

가기에는 벅차다'는 것은 영등포교도소와 별 차이가 없었다. 교정 행정을 홍보하는데 글쟁이들의 역할이 중요한 점을 설명하면서 선배를 믿고 도와 달라하니 적극 힘써 보겠다고 한다. 이제 주최 측과 교정당국 사이에서 멋진 곡예로 문학의 꽃을 담 안에 피우는 일만 남았다. 박영하 월간 순수문학 주간과 김정자 충북여성문인 회장에게 수시로 전화하여 상담을 하는 가운데 공연계획은 정성스레 착착 진행되었다.

영등포교도소 행사를 보면 먼저 준비 작업으로 출연진 선정, 도서 기증, 간식 준비, 팸플릿 제작, 교통수단 확보, 오찬장과 MC선정, 현수막 제작 등을 맡은 박영하 주간에게 수시로 준비사항을 확인하였다. 10월 10일 행사 날에는 ① 필자의 인사말과 내빈 소개 ② 구인환 소설가의 문학 강좌 ③ 사물놀이패의 풍악 ④ 8인의 시인 자작시 낭송 ⑤ 선비 춤·장기타령·교방무·태평가·양산도 공연 ⑥ 전문 시낭송가의 시낭송으로 대단원의 막을 내렸다.

공연 내내 관중들은 진지하게 들으며 흥겨워 어깨춤을 추고 박수갈채를 아낌없이 보낸다. 그야말로 연출자와 관중이 하나가 된다. 혼연일체라는 말은 이를 두고 하는 말인지 싶을 정도로 행사는 성공리에 마쳤다.

다음은 10월 12일에 있은 청주여자교도소 행사도 김정자 회장이 회원들과 한 몸이 되어 수용자를 대상으로 작품을 공모하여 30여 명이 응모, 엄격한 심사를 거쳐 14명에게 시상을 하고 김진수 수필가가 심사평을, 이진영 충북과학대학장이 특강을 하였다. 청주문화원 실내악단이 연주하는 가운데 문인들의 낭송과 도서기증, 다과회가 물이 흐르듯 진행된다.

남자 수용자를 대상으로 한 영등포교도소와는 달리 격려사를 한 황순일 소장과 축사를 한 필자를 빼고 모두 여성들만의 행사라는 점과 실내악이 배경에 깔려 감흥이 섬세한 점이 달랐다. 그리고 행사 팸플릿에 실린 최우수상을 받은 여자수용자 글을 본 한 법조인은 자매결연을 제의했다는 말도 들린다.

이렇게 교정시설 두 곳에 문화의 꽃씨를 심고 나니 가꾸고 키워서 아름답게 피우고 튼실한 열매를 맺게 하는 일이 남았다. 작가들을 자주 교정현장에 들르도록 하여 이해의 폭을 넓히면서 일감을 주다보면 그들의 말과 글은 자연스럽게 교정의 실상을 바르게 밝게 아름답게 부각시킬 것은 너무나 뻔한 일이다. 교정행정 당국은 글쟁이들을 적극 활용하기를 바란다.

일을 끝낸 지금 나도 가을 하늘처럼 강처럼 산처럼 푸르게 맑게 붉게 사는 사색(思索)의 길을 찾아가는 방랑자나 되어야겠다.

(05. 11.『순수문학』,『교정』)

추석 명절음식

추석은 1년 중 가장 큰 명절이라고 한다. 하늘에는 연중 가장 큰 달이 떠 있고, 들에는 황금빛 곡식이 가득 차고 산에는 과일이 알알이 열렸다 하여 명절이 아니다. 날씨가 춥지도 덥지도 않고 하늘이 높아 수정처럼 맑다든가 바람이 산들거린다 하여 명절이 아니다. 감칠맛나는 음식, 추석날이 되어야 맛볼 수 있는 별식이 어우러져야 명절다워지는 것이다. 금강산도 식후경이란 말도 있지 않은가. 요즘이야 계절에 상관없지만 그래도 제철에 제 음식을 먹어야 제 맛이 난다. 이제 반세기 이전으로 돌아가 추석명절 음식은 어떤 것이 있나 살펴보면서 입맛이나 다셔보아야겠다.

올 송편: 추석명절에는 조상님께 제사를 모신다. 추석제찬은

설 제찬과 큰 차이가 없으나 추수의 계절인 만큼 햇곡식과 햇과일로 제수를 만든다는데 의미를 둔다. 절기가 늦으면 논벼보다 수확이 빠른 밭벼를 심어 때를 맞추어 쓰기도 하고, 벼가 덜 익으면 덜 익은 대로 일찍 베서 말렸다가 방아를 찧는다. 올 송편은 이렇게 햅쌀로 만든 송편이다. 송편 속은 콩, 팥, 대추, 밤을 넣는다. 추석 전날 저녁 온 가족들이 모여 휘영청 밝은 달빛을 받으며 오순도순 만든다. 송편을 예쁘게 만들면 예쁜 배우자를 만난다고 하여 처녀총각들은 솜씨를 한껏 발휘한다. 태중에 있는 부인이 복중아기의 성별이 궁금하면 송편 빚을 때 바늘이나 솔잎을 가로 넣고 찐다. 그 송편 한쪽을 깨물어서 바늘의 귀 쪽이나 솔잎이 나뭇가지에 붙은 쪽이면 딸이고 바늘이나 솔잎의 끝 쪽(뾰족한 쪽)이면 아들이라고 점을 친다.

백주(白酒) **또는 신도주**(新稻酒): 햅쌀로 빚은 술이라는 뜻으로 붙여진 이름이다. 술은 많이 준비하여야만 이웃사이에 서로 청하여 나누어 마시고 놀이패가 찾아오면 후하게 대접할 수가 있다. 남성의 접빈객(接賓客)은 첫째가 술인 만큼 넉넉하게 마련해야 한다. 명절이나 잔칫날 취해서 쓰러진 사람이 있어야 그 잔치 잘했다 소문이 난다.

황계(黃鷄): 추석음식에는 빼놓을 수 없는 것이 황계이다. 봄에

깬 병아리를 잘 기르면 추석 때에는 잡아먹기에 알맞다. 그 시절에는 선물로 닭이 안성맞춤이었다. 친정에 가는 딸의 선물도 달걀꾸러미나 닭이고, 경사 선물에도 닭이고 사위가 와도 닭을 잡아 대접했다.

과일: 감·밤·대추·호두·은행·모과가 전래의 과일이고 사과·배는 근래에 추가된 과일이다. 밤·대추·곶감은 제물의 필수품목으로 가을에 말려 소중히 보관해 두었다 쓴다. 밤·대추는 감미료로 약식 등 여러 음식에 쓰였다. 은행·호두는 부럼으로, 모과는 약이나 차 그리고 술 담그는데 쓰였다.

제수(祭需)와 진설(陳設): 이는 지방마다 가문마다 관습·풍속·전통이 다르다. 그래서 가가례(家家禮)라고 한다. 큰 틀에서의 제수음식을 보면 주(酒) 과(果) 포(脯) 해(醢) 체(采) 탕(湯) 전(煎) 적(炙) 반(飯) 갱(羹) 다(茶) 떡 국수 등이다. 앞줄에 과일, 둘째 줄에 나물, 셋째 줄에 탕, 넷째 줄에 적 전, 다섯째 줄에 메 갱을 차례대로 놓는다. 그리고 조율시이(棗栗柿梨) 홍동백서(紅東白西) 생동숙서(生東熟西) 좌포우해(左脯右醢) 어동육서(魚東肉西) 두동미서(頭東尾西) 건좌습우(乾左濕右) 접동잔서(楪東盞西) 좌반우갱(左飯右羹)으로 차려놓고 제관(祭官)은 남좌여우(男左女右)로 선다.

반보기: 추석명절 지난 후 넉넉해진 음식과 시어머니 마음은 내친김에 며느리 휴가를 보내는데 그중에는 반보기가 있다. 중로회견(中路會見)이라고도 하는데 추석 때는 농가도 비교적 한가하고 또 인심이 넉넉하므로 며느리에게 말미(末尾)를 주어 친정에 가게 한다. 떡과 술, 달걀꾸러미를 들고 친정에 가 회포를 풀어 친가와 가까워지도록 하는 것을 근친(近親)이라고 한다. 친정과의 거리가 멀거나 또는 시간 여유가 없을 경우 미리 친정에 연락하여 중간지점(中間地點) 경치 좋은 곳에서 만난다. 친정어머니는 딸이 좋아하는 음식을, 딸은 어머니가 좋아하는 음식을 마련하여 서로 만나 회포를 푸는 것이다. 이를 '중로회견', '중로보기', '반보기'라고도 한다. 참고 견딘 보고픈 정을 나누는 애틋한 그림은 참으로 낭만적이고 아름답지 아니한가? 도로가 사통팔달 거미줄처럼 엉기고 마이카시대의 사고(思考)로는 꿈같은 일이다.

추석절이 가까워 오니, 부모님과 조상님들의 옛날의 삶이 그림처럼 떠오르고 그리워진다. 금년 추석날에는 국운융성(國運隆盛)·태평성대(太平聖代) 그리고 시화연풍(時和年豐)을 축원하고 조상님 묘소성묘와 제례(祭禮) 모시는데 정성을 다하여 나라와 조상의 은혜를 천만분지일이라도 보은해야겠다는 생각이 간절하다.

(08. 9.『정우』)

현해탄 이야기

- 일본여행기 -

요사이 마음이 축 늘어지니까 몸도 늘어져 힘들었는데 가뭄에 단비라고나 할까. 부산 자비사 박삼중 주지스님이 소설가 김용길 원장과 같이 겹겹이 쌓인 삶의 틀에서 나와 여행이나 떠나자고 하신다.

나는 호기심에 힘까지 솟는다. 서울에 사는 김 원장과는 수시 통화로 행동계획을 짰고 드디어 출발일이 하루 앞으로 다가왔다. 나는 20년 전 선수단을 인솔하고 도쿄·나고야 등 6개 도시를 순회하면서 한일친선교도관무도대회를 하였는데 단장이라는 간판을 들고 다니다 보니 격식에 파묻혀 어떻게 다녀왔는지도 모른다. 이런 형편에 격을 파한 '자유여행'이라니 이 나이에도 조금은 설레기도 한다.

아무튼 날씨를 감안, 갈아입을 옷 등을 가볍게 챙겨서 7월 6

일 12시 서울역 KTX매표소 앞 약속장소에 이르러 두리번거리니 입구 쪽에 김 원장이 나타난다. 사인이 바로 통하여 내 옆으로 와서 앉는다. 이런 저런 얘기 끝에 차표를 받아보니 경로대우를 받지 않았다. 나의 인생 계급장을 모르는 김 원장을 탓할 수 없어 매표창구에 가서 나잇값 25,000원을 환불받았다.

출발시간 13시에 부산행 KTX에 올라타고 큰 기침을 하니 흑토마는 달리기 시작한다. 그 사이에 김 원장이 번개처럼 준비한 도시락을 드는데 창밖의 그림이 들락날락 군침을 돋운다. 대구역을 지나면서 험한 길이라 흑토마는 헐떡거렸지만 부산역에 무사히 도착, 사명 완수의 숨고르기를 한다. 우리는 흑토마 등을 두들겨 주고 삼중스님이 기다리고 계신 부산항 국제여객터미널로 갔다.

한국인 보따리 상인들의 짐이 많다. 출국·세관심사를 마치고 하카다↔부산 New Camellia Line 선착장에 잠시 대기하다가 19:10 승선 삼중스님은 VIP 룸에, 김 원장과 나는 룸메이트로 특실로 들어섰다. 무궁화 3~4개 호텔 수준이다. 그야말로 7~8층 아파트 크기의 해상 호텔 같다. 승선시간 6시간 동안 지루하지 않게 노래방·오락(게임)실·매점·전망대·목욕탕(대중)·레스토랑·그릴·시청각실·자동판매기 등이 갖추어져 있고 신혼부부·가족·단체여행객들이 사용할 수 있도록 객실 구조도 다양하다.

선적이 어느 나라인지 선미에 달린 깃발을 확인하기 위하여 5층 갑판에 나와 보니 일장기가 펄럭이고 있다. 태극기였으면…. 일행은 2층 식당에 가서 불고기 정식으로 저녁을 먹고 객실로 돌아왔다. 김 원장으로부터 일본에 관한 강의를 듣는 가운데, 배는 23:00 불빛이 바다 깊숙이 꽂혀 하늘거리는 부산 내항을 밀어내기 시작한다. 항로표시등에 따라 오륙도를 벗어나 공해에 이르는 동안 선객들은 갑판 위에 올라 야경에 취한다. 그들의 마음을 알 리야 없지만 일제시대 탄광노무자, 학도병 등으로 강제징용 당한 수많은 사람들이 현해탄을 건너가면서 뿌렸을 피눈물을 생각하면 격세지감에 가슴이 뻐근해진다.

애상한 감정을 도닥이며 객실에 들어와 간단히 씻고 침대에 누워 잠시 TV를 보다가 꿈나라 행을 청해본다. 그러나 처음 타보는 호화여객선 침대의 아늑함이 오히려 단잠을 몰아냈는지 비몽사몽간에 선내방송이 들리는 것이 아닌가? 황급히 일어나 옷을 입고 창밖을 보니 우리가 탄 배는 구름 낀 하카타항 컨테이너 부두 사이를 비집고 들어와 서서히 접안을 한다.

벌써 날이 바뀌어 7일 아침이다. 하선 준비를 하는데 06: 30부터 아침식사를 하라는 안내방송이 흘러나온다. 제첩국 정식으로 식사를 하고 객실로 돌아와 짐을 챙겨 하선하였다. 일본 입국수속과 통관절차를 마치고 나가니 남장사 사무장이 승용차를 가지고 와서 대기하다가 스님께 인사를 한다. 우리는 사무장의 안내로 남장사에 가서 하야시가구죠 주지스님과 상견례를 하였다. 주지스님은 삼중스님과 자매결연 할 정도로 각별한 사이다. 한·일 불교교류에도 열성이다. 두 절 신도들은 매년 교환 순례를 한다. 남장사는 1995년 세계에서 제일 큰(길이 41m 높이 11m) 청동석가모니 열반상을 조성하여 점안 시에는 세계 각국 스님 1,200분이 공양을 올린 일로도 유명하다.

일행은 와불 복장 속으로 들어가 참배를 하고 작별인사를 하는데 가구죠 스님은 저서『내가 있는 것만으로 나는 행복하다』에 친필 서명하여 준다. 우리는 하카다시티 호텔에 여장을 풀었다.

바로 나와 후쿠오카(福岡)↔다자이후(大宰府)행 열차를 타고 가서 다자이후텐만구 시내유적을 관광하였다. 특히 문장박사 스가와라미스잔(菅原道眞公)을 신으로 섬겨 입시생·부모들의 기도처가 되었다는 신사와 박물관을 꼼꼼히 돌아보았다. 주전옥(酒殿屋)에서 점심으로 경요리(京料理)를 먹는데 김 원장이 나를 어찌 소개를 하였는지 주인마담상이 사인을 부탁한다. '천년고도 다자이후 주전옥의 경요리 맛이 나의 발목을 잡는다. 2006. 7. 7. 대한민국 백성 오희창'이라고 써주니 여러 번 조아리면서 감사하다고 한다. 카메라를 가지고 와서 우리의 모습을 여러 장을 담는다. 사진을 보내준다고 김 원장에게 매달려 주소까지 받아 적는다. 기다려 볼 일이다. 글쟁이 입장에서 보면 문학인을 신격화하는 정신이 오늘의 일본을 일구었는가 싶기도 하다.

특히 양력 7월 7일은 칠석 명절로 이곳에서는 축제를 크게 벌인 다는데 오늘 밤 이곳에 머무를 수만 있다면…. 하는 아쉬운 마음을 시 한 수를 지어 쓰가와라미스잔 공원 시공모함에 넣고 발길을 돌렸다.

菅原公, 菅原公이여!

韓國詩人 오희창(吳熙瑲)

大帝府 七夕날 밤
銀河水는
千年古木 夫婦 樟에 걸터앉아 있는데
까치는 보이지 않는구나
짧은 여름밤 牽牛織女 살타는 香氣에 醉한
菅原公 ―
차마, 그들의 단꿈을
깨우지 못 하는구나
현해탄 건너온
나그네도
그들의 사랑놀이에 반하여
귀향길을 잊고 헤매는구나
관원공, 관원공이여!
부디 나그네의 갈 길이나
알려주오.

(06. 7. 7. 酒殿屋 後苑에서, 현해탄 건너온 나그네가)

대자이후(太宰府)→후구오카(福岡)행을 타고 하카다시티 호텔로 돌아와 땀을 씻은 후 유명하다는 이찌란야(一蘭屋) 라면으로 저녁을 때우기로 하고 찾아 나섰다. 일본 체험을 진하게 하기 위하여 지하철과 버스를 갈아타고 다녔다. 지하철 전동차에는 경로석 표시는 있는데 젊은이들이 개의치 않고 앉아있다. 드디어 김원장은 문제의 라면집을 찾아내어 들어가니 구조가 특이하다. 어깨넓이로 칸을 막아 의자에 앉으면 옆 사람이 보이지 않고 앞사람도 커튼으로 가렸다. 따라서 손님들이 서로 눈치를 볼 것도 말할 필요도 없이 오직 종업원과 메모지로 주문하고 받아먹으면 된다. 닭장 속에서 닭이 머리를 내어 모이를 조아먹는 식이다. 극도의 개인주의 생활양식으로 시간과 공간, 돈을 절약하는 점과 남을 배려하는 일본문화의 한 단면을 보는 듯하다. 그러나 라면 맛이 우리나라의 라면+찬밥+김치+떠들썩한 멋을 보탠 것과는 비교가 되지 않는다는 생각이 든다. 우리는 라면을 한 그릇을 비우고 호텔로 돌아왔다. 내일은 지옥에 가는 날이다. 얼마나 무시시하기에 지옥이라 이름을 붙였을까 기대를 하면서 잠을 청한다.

7월 8일 5시 기상·샤워·뷔페조찬을 한 후 7시 보슬비가 내리는 가운데 하카다(博多)(08:30)→벳부(別府)(10:40)행 특급열차를 타고 달린다. 우리나라는 무궁화·새마을·KTX 등 자율승하차 시스템인데 이곳은 개찰·집찰·차내 검표를 직원이 한다. 벳부에 도착 역사(驛舍)상가를 둘러본 후 햄버거로 점심을 때우고 12시 지옥관광 버스(¥3.850)를 탔다. 제복을 입은 기사와 안내양의 모습이 단정하다. 50대 안내양의 일본어방송은 외국인들도 지루하지 않을 만큼 목소리가 좋았고 주변경관을 노래한 시를 낭송하여 주기도 했다. 일본말을 알아들을 수 있다면… 하는 아쉬움이 들었다.

이 지역(간나와鐵輪 · 가매가와龜川)은 천년전부터 열탕 · 뜨거운 진흙탕 · 가스가 분출하여 사람들은 가까이 하기를 두려워하여 지옥이라 불리었고 지금도 이 지역에는 온천 분출이 많아 지옥이라 부른다. 대표적으로 8개 분출구를 주제별로 개발하였다.

①해지옥(海地獄)은 1,200년 전 소루미다깨화산이 폭발할 때 생겼다는데 수온이 98℃이고 코발트색 연못이라서 바다처럼 보인다. ②귀석방주(鬼石坊主)지옥은 회색진흙탕이 끓어오르는 모습이 스님의 머리를 닮았다. 귀석은 이곳 지명이기도 하다. ③산(山)지옥은 맹렬하게 내뿜는 점토가 쌓이는 모양이 산 같다. 지열을 이용하여 세계 각국의 진기한 동물(뱀 · 코끼리 · 하마 · 홍학 · 사슴 등)과 식물을 사육 · 재배한다. ④가마솥지옥은 크고 작은 2개의 못이 있는데 열탕의 온도와 연못의 넓이에 따라 성분의 결정상태가 다르고 색깔도 다르다. 온도가 높으면 결정이 높아 색이 푸르나, 낮으면 결정이 낮고 색깔은 붉다. ⑤귀산(鬼山)지옥은 온천수 압력이 굉장히 강하여 열차(列車) 한량 반 정도를 끌 수

있고, 온천열(99℃)을 이용하여 악어를 사육한다. ⑥백지(白池)지옥은 청백색의 특이한 열탕으로 분출시 무색투명하다. 분출 후 온도와 압력이 낮아짐으로 자연히 청백색이 된다. ⑦혈(血)의 지옥은 붉은색의 점토를 분출하고 감마저 붉은색을 띠어 만엽집(萬葉集)(망쇼유)에 '붉은 연못'이라 기록된 일본에서 가장 오래된 천연연못이다. 규모는 1,300㎡ 1,800㎘이며 피부병에도 좋다고 한다. ⑧용권(龍卷)지옥은 온천수 분출량이 1일 720ℓ이고 25분 간격으로 간헐적으로 뿜어내는 모양이 회오리바람 같다. 지열을 이용 열대식물을 재배한다. 지하수 온도는 190℃이다.

지옥이라니-

일본에는
지옥이 넘쳐흘러
벳부 땅위에
지옥을 8개나 만들었나
여기를 지나간 이들
쓴웃음 짓는구나
일체는 마음으로 찍어 낸다 一切唯心造 했거늘
마음속에 지옥이 없는데
헛소리 하는구나!

여덟 개 지옥을 지나서 15:20 풍천호텔에 도착하였다. 일본

재래식 다다미방에 모처럼 스님과 더불어 3인 1실을 예약하였으나 생각보다 방이 작아서 스님은 독방으로 추방(?) 하고 김 원장과 룸메이트가 되었다. 스님과 스킨십도 하고 잘하면 스님 거시기도 만지작거리면서 객고도 풀 수 있었는데… 절호의 기회를 놓친 것은 참으로 아쉬운 일이다. 어허! 저런… 마구니가 있나! 망념 망념이로세!

창밖은 가랑비가 오고 온천지대인 벳부는 산골짜기나 시가지 군데군데 온천장 수증기가 기둥처럼 하늘을 찌르고 안개가 자욱하여 장관이다. 지하에서 부글부글 화산이 끓고 있어 언제 터질지 몰라 이곳 주민들은 옛날부터 온천수가 분출하는 곳을 지옥처럼 무서워했을 것이다. 그러나 지금은 주제별로 개발하여 외화벌이를 톡톡히 하고 있다.

바라노니 제발 화산이 터져 이웃나라 한국에 일본난민이 들이닥쳐 '살려 달라' 애원하는 일이 없기를….

하카다 · 벳부 · 나카스 · 다자이후 등 급행 · 보통 · 특급열차의 자유석 · 지정석을 번갈아 타고 해안 · 들판 · 첩첩산중을 달리면서, 시내버스 · 지하철을 환승을 하면서 시내골목길을 걸으면서 보고 느낀 일본을 생각해본다.

농촌에는 전통가옥 · 전답 · 농토가 잘 가꾸어져 아름답고 철길을 달리는 열차도 경량 신소재 활용으로 공간도 넓고 쾌적하다. 고층빌딩에서 내려다본 건물옥상이나 골목길이 깨끗하게 잘 정돈되어있다. 머리를 울긋불긋 물들이거나 고슴도치, 깍두기 머리를 한 젊은 청년들도 눈에 띄지 않는다. 배꼽티를 입고 청바지를 엉덩이에 걸친 젊은 여인들도 보이지 않는다. 특히 젊은 연인들이 거리나 대중교통시설 그리고 기타 공공장소에서 시도 때도 가리지 않고 사랑을 나눠 닭살 돋게 하는 이들도 보이지 않는다. 우리 젊은이들의 행태와는 많이 다르다는 인상을 받았다. 특히 아버지세대 닮기를 원하는 젊은이들이 늘어간다는 이야기에 놀라운 생각이 들고 우리나라 젊은이들 생각이 번개처럼 지나간다. 가정·유아·초등교육에서부터 남에게 부담되는 행동을 자제하도록 반복하는 예절교육에 젖어서 성인의 행동양식으로 굳어진 것이 아닌가 싶다. 하이! 하이! 하면서 예절바르고 공손한 태도와 줄서기로 증거 하듯이 말이다.

나카가와 천변을 거닐면서 산책로 가로수 사이에는 자전거 오토바이가 빽빽하게 보관되고 의자도 군데군데 설치되어 있는데 그사이에 포장마차도 줄을 이어 들어서서 주름등 불빛이 붉게 타오르고 있었다. 서민들의 풋풋한 생활이 묻어나는 곳인 것 같다.

우리는 포장마차에 앉아 메뉴를 보고 오뎅(￥100)과 정종 3컵을 시켜놓고 객수(客愁)를 먹고 있는데 잠시 후 시키지도 않은 야끼도리 등 안주를 내어 놓는다. 청년 3명이 운영하는 것 같은데 자리에서 일어날 때 계산서를 보니 ￥5,380이다. 찝찝하지만 웃는 모습으로 계산하고 돌아섰다. 작은 식당유람선이 나가

가와천에 떠있고 산책길 벤치에는 노숙자들이 누워있는 모습이 보인다.

마침 북한에서 미사일 7발을 쏘아 올려 일본 매스컴은 시끄러운데 서민들은 평온하다.

우익정치인들은 선제 공격론을 꺼내들다가 종래에는 한반도를 불바다로 만들려는가? 침략·노략질 근성이 도지는 것인가? 이런 저런 상념에 머리가 시끄러워 기분전환을 겸해서 호텔 노천대중목욕탕에 들어가 몸을 담갔다. 20여 년 전에는 남녀 혼탕이었던 것으로 기억이 나는데 풍속이 달라진 것 같다. 식사시간이 되어 호텔 식당으로 와서 일본정식으로 속을 채우는데 식당직원인 중년여인의 예절바르고 공손한 태도에 밥맛도 감칠맛이 났다. 비를 맞으면서 만행(萬行)하기가 내키지 않아 잠자리에 들었다.

7월 9일 아침 한반도에는 태풍 에위니아가 북상한다는 뉴스에 심란하다. 이곳 날씨는 청명하다. 7시 뷔페식사 후 푸른 동굴 관광을 위하여 08:30 오이타(大分)→나카스(中津)행 열차를 탔다. 나카스역에 내리니 역사(驛舍)에는 일본노인 관광객으로 만원이다. 대중교통 이용보다는 택시를 이용하는 것이 비용·시간이 절약된다는 정보에 따라 택시를 타고 가는 중 건설회사 퇴물기사와 김 원장의 구수한 대화가 이어지고 나와 스님이 끼어들면 김 원장이 통역을 잘해서 심심찮게 푸른 동굴에 도착했다.

동굴문은 야마구니강(山國川)변 절벽에 줄로 매달아 발판을 밟고 지나가다가 추락하여 사상자가 많이 발생한다는 소식을 듣고 '선혜화상'이 33년 동안 삼태기와 괭이만 가지고 절벽과 맞서 불꽃 튀기는 작업을 하였단다. '선혜화상'은 니가다 사람으로 불도(佛道)를 수행하기 위하여 여러 지역을 편력하다가 자주 이곳에 와서 참상을 보고는 중생구제의 염원을 세우고 굴착작업에 몰두하였으나 처음에는 주민들은 냉담·조소로 일관하다가 이에 굴하지 않고 꾸준히 굴착하는 모습에 가능성을 확인한 주민들이 마지막 단계에서 힘을 보탰다고 한다. 이후 이 동굴은 명치시대에 두 번 개·보수공사를 했고, 현재는 25m만 원형대로 보전하고 있다.

동굴을 살피면서 걷다가 동굴을 나와 리프트를 타고 절벽에 걸린 고찰 나한사를 참배하였다. 삼중스님이 주지스님을 찾으니 주지스님은 4~5년 전에 입적하고 그 부인이 주지대행을 하고 있었다. 일본불교는 대처승이고 절도 개인소유로 되어있다. 의사 출신인 부인과 잠시 대화를 나눈 후 하산 길에 선혜스님 사당에 참배하였다. 대기하는 택시를 타고 시내에서 제일 좋은 식당 '긴스시'를 안내받아 초밥으로 점심을 점치고 나카스성 관람을 했다. 그곳에는 정한론자요, 일본 근대화의 주역인 후꾸자와유끼찌(福澤兪吉)생가가 있어 둘러보았다. 그가 활동할 무렵 쇄국조선의 지도자들 중에도 이런 사람이 있어 나라의 문호를 개방하여 서양문물을 받아들여 근대화를 하였다면 36년간 일본식민통치는 없었을 것이고 역사가 달라졌을 것이다. 한 사람의 힘이 얼마나 큰가를 실감한다.

나카스역으로 와서 13:30 하카다행 기차에 올랐다. 열차를 타고 고구라(小倉)를 지나면서 제2차 세계대전 시 이곳이 원자폭탄투하 제1후보지였으나 당일 B29기가 상공에서 내려다보니 안개가 짙게 끼어 시야를 가리므로 부득이 제2후보지인 나카사키시로 날아가 투하하였다는 것이다. 이때 사망 8만, 부상 7만 5천이라니 자연의 조화인지 조상의 도움인지 이곳 사람들은 복이 많은 사람들임에는 분명하다. 먼 훗날에는 이 지역 사람들이 당시 B29편대장을 이 지방 신으로 받들지도 모를 일이다.

어느덧 하카다역에 도착하였다. 호텔에 여장을 풀고 15:00경 시장구경에 나섰다. 김 원장은 대한적십자사 고위 간부로 퇴직한 분이다. 강영훈, 김상엽 등 역대 총재들이 일본유학파들이라 이분들과 여행을 하다 보니 일본어에 능통할 뿐만 아니라 일본 역사와 문화도 잘 아는 것 같다. 주위에서 친일파라는 시샘말도 듣는다는 김 원장 덕에 이번 여행은 편하고 즐거웠다. 스님은 마음 써주어야 할 중생들이 많아서 선물보따리도 제법 크다. 그 보따리를 김 원장의 현란한 일본어 구사로 싸고 좋은 물건으로 채울 수가 있었다.

이제 마지막 코스가 남았다. 후구오카 타워 전망대에 올라 현해탄에 떨어지는 낙조를 보면서 한잔 기울이는 일이다. 이탑의

높이는 235m이고 전망대는 123m높이에 있다. 우리는 전망대에 올라 사방팔방을 둘러보고 refuge라운지에서 약간의 과일안주에 붉은 포도주로 건배를 하면서 불게 물드는 현해탄을 지켜보았다. 이 항로 이 항구를 통하여 문화를 전수하고 고대국가를 세워준 은혜는 노략질 · 살육 · 침략 · 강탈 · 식민지배 · 수탈로 되돌려 받는 등 기구한 역사가 떠오른다.

원혼(冤魂)을 불꽃으로…

애증(愛憎)의 양안(兩岸)
말없이 세월만 삼키고 있으니
내 무슨 말을 하리
오늘따라 붉은 노을
가슴에 엉기는구나!
이 땅에 끌려와
비명에 간 핏빛 원혼들
현해탄에
활활 꽃으로 태우고
발길을 돌릴 밖에…

호텔로 돌아와 내 나라 내 민족을 떠올리며 모처럼 깊은 잠을 청해보는데 월드컵 결승전 프랑스와 이태리의 1 : 1 연장전이 시작된 지 얼마 지나지 않았다. 지단이 마테라치의 가슴팍에 박치기 한 방을 먹이니 벌렁 나둥그러진다. 아차! 저러면 안 되는데…. 결국은 승부차기로 결판을 낼 모양이다. 프랑스가 페널티킥으로 되돌려 받을 것 같은 예감이 적중하여 이태리의 승리로 돌아갔다. 지단은 볼을 머리로 멋지게 넣을 일이지, 어쩌자고 가슴을 치받나! 인과응보가 바로 실현되는구나! 현해탄 양안(兩岸)의 인과(因果)는 어느 세월에….

드디어 귀국하는 날 10일 아침이 밝았다. 우리 일행은 하가다항 국제여객터미널 출국장에 도착하였다. 태풍이 중소여객선・항공기를 묶어 놓았다는 뉴스에 은근히 걱정이 된다. 그러나 2만 톤급 선박이라 끄덕없는 모양이다. 10:30분에 출국절차를 마치고 승선하여 이곳에 올 때 사용했던 그 객실에서 쉬고 있는데 12:15분 하까다항을 밀어내기 시작한다. 선상에 올라 멀어지는 후구오까 시내를 본다. 후꾸오까 타워도 보이고 먼 하늘에는 항공기도 나른다.

한반도에는 에워니아가 진도에 상륙 북북동으로 폭우를 동반 할퀴고 지나가는데 망망대해에 떠있는 이곳은 날씨가 좋다. 바다가 가는 건지 배가 가는지 조용하기만하다. 선상에서 보는 망망대해는 나의 가슴을 확 비워준다. 참으로 하늘과 바다 내가 하나가 되는 순간이다. 배는 거품을 토해내는 용의 등에 올라타 흔들흔들 놀고 있다. 바다는 우리가 탄 배를 부산으로 밀고 올라간다. 태풍의 꽁무니가 가까울수록 파도가 높아진다. 빗줄기도

굵어지고 세어진다. 위험경고 발령이다. 다들 안으로 들어선다. 퍼붓는 비는 슬그머니 수평선을 삼켜버린다. 바다와 하늘이 하나가 된다. 침대 위에 큰 대자로 누어있거나 의자에 앉아있으면 견딜 만하다. 그러나 한발자국만 옮기려 해도 붕 떴다 주저앉는다. 속이 약간 메스꺼울 정도에서 부산내항으로 진입한다. 일순 바다가 조용해진다.

입국수속을 마치고 내 나라 내 땅을 밟는다. 발바닥이 부드럽다. 어디서 보았는지 자비사 사무장이 찾아와 인사를 한다. 사무장은 우리 일행을 승용차에 태우고 출발한다. 삼중스님께서 열차시간이 2시간이나 남았으니 저녁을 들고 헤어지자고 하신다. 광복동 순두부찌개 집에 가서 윗배를 채운 다음 스님과 작별을 하고 부산역으로 왔다. 대합실에서 TV를 보다가 20:00 서울행 KTX를 탔다. 흑토마는 잘도 달린다. 창밖은 어둠이 드리워 불빛이 점점 밝아진다. 나라소식이 궁금하여 신문을 사서 구석구석 읽다보니 수원을 지난다. 김 원장은 피로했는지 공자님과 놀고 있다. 이번 자유여행은 지일파(知日派) VIP 두 분 덕에 아름다운 추억을 오래도록 간직할 수 있게 되었다.

늦은 밤 서울역에 도착하였다. 흑토마 등을 어루만지며 마구간이 있는 행신으로 보내고 김 원장과 헤어져 각자 즐거운 자기 집으로 향했다. 자정이 넘어 도착해도 역시 홈 스위트 홈이다. 즐거운 나의 집이다. (06. 7.『한맥』)

황혼을 뜨겁게 달구는 사람들

- 말레이시아 골프여행 잠입기 -

사람이 한세상 건너다보면 헐떡이며 태산준령을 오르기도 하고 푸른 들판을 내달리기도 한다. 때로는 혼자서 조용히 걷기도 하고 여러 사람들과 손을 잡고 떠들썩하게 거닐기도 한다. 이렇게 사는 동안 수많은 사람들과 만나고 헤어지는 가운데 인연이 얽히고설키어 자연스레 동아리가 이루어진다. 이런 동아리는 인생에 있어서 쉼터, 징검다리, 사랑방역할을 해주어 삶에 활력소가 된다.

나에게도 학연과 지연에 따라 또는 생업과 취미에 따라 생긴 동아리가 여러 개가 있다.

1987~89년 사이 의정부에서 기관장으로 근무한 사람 중 의기가 통하는 10여 명이 수락산 이름을 따서 수락회를 만들어 지금까지 20년간 정기 또는 수시로 만나고 있다. 재직 중에는

서로 힘이 되어주고 퇴직 후에는 뜻있는 일을 하고 가끔은 국내외 여행을 하면서 화목하고 즐겁게 지내자는데 뜻을 두었다. 이들은 원만한 성품과 뛰어난 능력을 고루 갖춘 분들이라 의정부에서 헤어진 뒤 승진 영전을 거듭하여 퇴직할 때의 직위는 한세권 안양시장, 우종오 용인시장, 조청호 장군, 여춘욱 서울지방병무청장, 박병익 서울지방보훈청장, 현병철 세무서장, 김윤희 한국전력 부산지사장, 정창화 농협충남본부장, 이응두 농협경남본부장 그리고 필자는 대전지방교정청장으로 부여된 책무를 명예롭게 완수하고 물러나 건강한 모습으로 잘 지내고 있다. 특히 현병철 회원은 세무사 사무실을 개설하여 아직까지도 짭짤하게 돈벌이를 하여 우리 회원들로부터 부러움을 산다.

그동안 숙제인 여행을 기획하였으나 사정이 다르고 날짜 맞추기가 어려워 한 번도 이루지 못하다가 올해 7월 11일부터 22일까지 처음으로 말레이시아 골프 나들이를 하기로 뜻을 모았다. 역시 전원 참가는 불가능하여 반 이상이 참여할 수만 있다면 강행키로 하여 나를 포함한 6명이 길을 떠났다.

공직자 골프는 정권에 따라 단속하기도 완화하기도 하다가 최근에 와서야 자율화되었다. 나는 그 와중에 10여 년 이상 손을 놓은 형편이라 이번 나들이에 동참한다는 것이 무리·무모한 일인 걸 알면서도 골프여행 실태도 궁금하고 동료회원의 집요한 권유도 있어 잠입취재를 해보자는 끼가 야릇하게 솟은 것이다.

막상 결심을 하고나니 막막하다. 우선 연습장에 가서 공을 때려보았으나 잘 맞을 리 없다. 5일간 열심히 연습을 하면서 우종오 회원에게 자문을 받아 준비물을 챙겼다. 드디어 출발일이 하루 앞으로 다가왔다. 밤늦게까지 이것저것 챙기고 확인한 후 캐디백에 항공커버를 씌우고 가방에 옷가지와 기타 용품을 챙기는 것으로 준비를 끝내고 출발을 위하여 일찍 잠자리에 들었다.

드디어 7월 11일. 07:30 막내 출근 차에 동승하여 근무처에 막내는 내리고 아들이 운전, 김포대교로 진입하여 인천공항고속도로를 달리기 시작했다. 비를 타고 내려오는 하늘을 산과 들이 부드럽게 껴안는다. 물장구치며 단잠에서 깨어나는 공항대교 아래 갯벌이 알몸으로 수맥의 골을 이루면서 어지럽게 흐른다. 앞뒤에는 5~6대의 차량이 내 차를 경호하듯 에워싸고 신나게 달린다.

08:40 여객터미널에 20분 빨리 도착하여 두리번거려 보았으나 일행은 보이지 않는다. 역시 바글바글 거리는 급한 성격 탓에 언제나 어떤 모임이나 1등이다. 약속장소인 G카운터에는 부부여행객들이 옹기종기 모여 담소하고 있다. 캐디백도 많이 보인다. -골프근처에도 가보지 못한 아내에게 미안한 생각이 든다. 공항 밖에는 하늘을 울리고 먹구름을 밀어내는 천둥번개소리가 요란하다.

약속시간이 다되어 가는데, 가이드도 안 보인다. 불안감이 일기 시작하는 가운데 우종오 회원이 나타난다. 사돈 장에서 만난 듯 반갑다. 이어서 우리 일행이 모두 나타났고 그때서야 부부여행객들이 우리 팀과 일행이라는 것을 알고 이들과 합류, 항공권을 발급받고 짐을 부쳤다.

수락회원 6명을 합한 28명의 리더인 류재천 단장의 소개에 따라 수인사를 나눈 사람들은 사업가 2명을 제외한 대부분이 경기도지역 시장, 군수 출신들이고 그중 5명은 부인과 같이 왔다. 우리 회원 중에는 우종오 회원만 부인을 대동하여 보기가 좋았다. 이들은 자주 골프여행을 다니며 즐겁게 사는 사람들이다.

우회원이 주는 라운딩 조 편성표를 받아보니 첫날만 우리회원과 같은 조이고, 다음날부터는 전혀 모르는 이들과 편성되어 있다. 이들은 꾸준히 골프를 해온 사람들이고 10여 년을 쉰 나에 비하면 프로들임에는 틀림없을 터, 벌써부터 주눅이 들어 기분이 착잡했다. 그러나 고희를 전후한 영감들이고 위아래로 많은 사람들과 만나면서 산전수전을 넘은 터라 희로애락이 녹아내려 자유자재로 행동해도 법도를 어긋나지 않을 경지에 이른 사람들이라는 생각에 이르니 크게 염려할 일이 없을 것 같아 기분이 반전되었다.

이윽고 탑승완료, 안전띠 착용 기내방송, 기체 출발선으로 이동, 급기야 굉음과 동시에 이륙한다. 빛나는 햇살에 싸여 흰 구름 위를 난다. 먹구름 · 천둥번개 · 장맛비는 아래로, 아래로 밀어내면서 성층권에 진입, 평화롭게 서해·남중국해를 따라 흐른다. 인천공항에서 쿠알라룸푸르 공항까지는 6시간이 소요된다. 지루함을 달래기 위하여 끼리끼리 담소가 이어지는데 우리 팀은 공자님 만나는지 눈감은 모습이 평화롭다.

나는 비행기 탈 때마다 닭장신세를 연상하게 된다. 좁은 공간에 장시간을 갇혀 지내는 인내심 많은 승객들에게 경의를 보낸다.

쿠알라룸푸르 공항 착륙준비를 위한 기내방송에 이어서 랜딩기어 소리가 요란하다 싶더니 기체는 벌써 출구를 향해 미끄러진다. 청사 밖 하늘에는 먹장구름이 내려누르고 있다. 기체에서 나와 3칸짜리 전동차를 타고 입국장으로 이동하여 레드 라인을 따라 수속을 기다린다. 행렬이 200m 는 족히 넘을 듯하다. 이들은 90%가 한국인 대학생들이다. 초등학생들도 어학연수 등의 명목으로 이곳에 온 것이다. 한 시간 이상 기다리는데 단장이라 부르면 지팡이라 응수하는 맥고모자 쓴 류재천 시장이 "이곳에서는 성질 급하면 못 살어. 참는 자에게 복이 있나니." 하면서 지루함을 달래준다.

까무잡잡한 입국심사관들이 밉게 보일 때쯤 심사를 마치고 짐을 찾으러 1층으로 내려가 20여분 기다린다. 버스에 짐을 옮겨 싣고 좌석에 앉아 있는데 이번에는 미로를 헤매는 단원 4명을 기다린다. 30분이 지날 때쯤 땀을 뻘뻘 흘리는 이들이 승차하자 버스가 목적지 Bukit Beruntung Golf & Country Resort를 향해 떠난다.

이 무렵 자기 키만한 배낭을 짊어지고 늠름하게 공항을 걸어나가는 서양여성의 모습이 인상적이다. 석양에 어울리는 수채화 그림을 하늘에 그리는 구름의 필체가 묘하고 신비롭다. 공항주변 건물 베란다에 늘어진 넝쿨꽃잎·정원수가 잘 어울린다. 수도 쿠알라룸푸르 외곽 하이웨이를 110㎞로 달리는 버스 창에는 우리나라 대기업의 선전간판이 가끔씩 손을 흔들고 오토바이 드라이버들도 불을 켜고 앞서거니 뒤서거니 달린다. 가로등이 점점 밝아진다. 열대림 우거진 야산 한 덩어리가 눈에 들어왔다 나가면 농가·주택단지·연립가구·아파트단지들이 조명을 업고 시야에 들고난다. 휴게소·트럭터미널이 인사를 하는 사이 한 시간쯤 지나서야 숙소정문에 이른다.

현관에서 짐을 풀고 호실 배정표를 받아보니 정창화 회원이 룸메이트다. 평소 차분하고 깔끔한 성품이라 약간은 긴장되었으나 이내 마음이 열리고 속에 있는 말이 오고 간다. 나는 "10여 년간 손을 놓아 맹탕입니다. 준비도 부실하고 매일 팀 파트너가 교체되니 아마추어 수준에도 미치지 못하는 나에게는 큰일입니다. 매일 관객을 바꾸어가면서 코미디를 연출할 생각을 하니 기가 찹니다. 70평생 제일 멋진 우스개 짓거리를 할 것 같습니다." 묵묵히 듣고 난 정창화 회원 가라사대, "주눅들 것 없습니다. 양해를 구하세요. 흐름만 방해하지 말고 난코스에서는 공을 들고 가다가 좋은 장소에서만 치세요. 자신 없는 곳에서는 그냥 따라만 가고요."라고 말하면서 심장강화에 좋다면서 '아킬레스건 치기(한쪽다리를 반듯하게 30cm 높이로 들었다가 홍두깨 같은 나무 봉에 자연스럽게 내려놓는 동작을 30회 한 후 다리를 교체하는 운동)'를 한다. 나는 다소 안심을 하고 자리에 눕는다.

드디어 첫째 날이 열렸다. 한세권, 박병익, 정창화, 내가 한조다. 같은 수락회원끼리니 안심이 된다. 06:00 기상, 출장준비를 하고 식당에가 조찬을 든다. 카트에 캐디백을 실고 정·한회원이 운전을 하고 나와 박회원은 동승, 동쪽 코스 첫 번째 홀 티 그라운드에 올라 티샷을 한다. 비교적 무난하게 따라가다가 숏홀인 제6홀에서 1온에 2퍼터, 버디를 한다. 환호다. 이글성 버디라고 놀린다. 하여튼 기분 좋다. 그런데 문제점이 서서히 드러난다. 우종오 회원에 자문한 바에는 반바지, 반소매라 하였으나 이곳에 와보니 긴 바지, 긴소매 티셔츠 차림이다. 자외선이 양호하여 옷 속까지 파고든다. 그리고 퍼터를 가져오지 않았다. 그날은 샌드웨지로 홀인프레이를 하였다. 형편을 아는 사람들이라 별 탈 없이 라운딩을 끝냈다. 숙소에 돌아와 샤워를 하고 오찬을 한 뒤 정창화 회원은 18홀을 더 라운딩 하겠다고 나갔다. 나는 쉬면서 『죽비소리』를 읽고 있는데 그는 스콜을 맞고 그냥 들어왔다.

노후대책 사례를 토의하다가 사혈을 뽑는다. 정창화 회원 말로는 70대에는 70퍼센트가 사혈인데 이를 뽑아내야한다는 것이다. 명치끝과 배꼽 중간에 부황으로 5분간 피를 뽑는다. 이어서 헬스클럽에 가서 운동을 하고 돌아온 정창화 회원과 저녁식당행, 숙소로 돌아오니 긴팔 티셔츠와 모자를 빌려준다. 나는 그 옷과 모자를 입고 쓰고 매일 출장을 했다.

제2일: 출전 멤버는 이동우 시장, 김수경, 권태윤 사장, 내가 한 팀이다. 일면식도 없는 분들과의 경기라 긴장이 된다. 권 사장이 운전하는 카트에 몸을 싣고 서쪽 코스로 가 티샷을 시작. 그런대로 흐름에 잘 따라가다가 7홀에서 모두 온 그린 후 내가 센드웨지로 퍼팅하는 순간 김 사장이 "퍼팅은 퍼터로 해야지요. 샌드웨지로 하는 것은 예의에 어긋납니다. 퇴장시켜도 무방할 정도의 무례입니다."라고 정색으로 항의한다. 퍼터를 가져오지 못했다는 한마디 변명도 못했다. 참으로 당혹스럽다. 사전준비·유비무환을 통렬히 느끼고 때늦은 반성을 한다. 전후사정을 살피지를 않고 말하니 약간은 섭섭하다. ①힘 빼기 ②침착, 신중하기 ③헤드 업 안하기를 명심하면서 18홀을 마친 후 11:30에 룸에 돌아와 쉬고, 13:00에 식당에 들르니 벌써 만원이다. 역시 빨리빨리 민족, 부지런한 국민임을 여실히 보여준다.

정창화 회원은 27홀을 돌고 13:00에 식당에 들어선다. 한세권, 정창화 회원은 바둑을, 이응두, 박병익, 우종오 회원은 고스

톱으로 오후를 보냈다. 나는 수리에 약해 고스톱을 배우지 못하였으며 술은 체질에 맞지 않고 급한 성질은 바둑 근처에 가지를 못하는 '삼불출?'이라 외톨이 신세를 면치 못한다. 한편으로는 자괴를 느끼고 다른 한편으로는 동료들에게 미안한 생각이 절절하다. 학자도 아닌 사람이 '볼 책이 있어서…' 핑계를 대면서 하여튼 혼자 심각하게 메모하는 척, 독서하는 척한다.

제3일: 출전 멤버는 유준모, 이성환 시장 박병익 회원, 내가 한조다. 오늘은 든든한 박 회원이 있어 안심이다. 아침식당에 가니 류단장이 어디서 소문을 들었는지 "퍼터를 안 가지고 오셨다고요. 내가 알았으면 해결해 드릴 텐데요." 옆에 있던 황 사장에게 "오 청장님께 퍼터를 빌려주세요." 한다. 그가 흔쾌히 오늘 출장 전에 캐디백에 넣어놓겠다고 했다. 이제부터는 망신당할 일 없어 기분 좋다. 18홀을 도는 동안 역시 고질병인 '머리 들기' '힘들어가기' 등이 도져 뒤땅치기가 일쑤였다. 가끔 맞은 공도 멀리 나가지 않고 높이 떴다가 내려온다. 등에 땀이 흐른다. 그러나 멤버들은 홀마다 티샷을 "준비된 대통령부터 먼저 하세요."라면서 양보지심을 유감없이 발휘한다. 나는 공 날아가는 방향과 낙하지점을 보아두었다가 알려주고 공을 함께 찾는 성의를 보여 미안함을 덜고자 애를 쓴다. 이런 매너에 멤버들의 반응도 좋았다. 관료출신인 이들은 상봉하솔하면서 몸에 밴 양보와 겸

손, 배려가 그대로 묻어난다. 오늘은 기분 좋은 하루였다. 경기를 마치고 유준모 시장이 베푼 클럽하우스에서의 맥주파티는 피로를 확 가시게 한다.

오늘은 수락회원들만 시내관광을 하기로 한 날이다. 말레이시아는 상하의 나라로 수목의 성장속도가 우리나라의 수목보다 5배나 빠르고 산과 평야의 비율이 80 : 20퍼센트로 우리나라의 70 : 30퍼센트보다 산이 더 많다. 오후에 골프클럽 황사장이 차와 한국인 기사 겸 가이드를 제공하여 인구 400만의 이 나라 수도인 쿠알라룸푸르 시내로 들어선다. 시내는 무더위・오수・스콜을 피하여 전깃불이 켜질 때 즈음에 저자거리가 열리고 볼거리가 있다고 한다. 우리는 먼저 무슬림 사원을 찾았다. 대리석 건축물로 웅장・청결・화려하고, 넓고 큰 홀에는 냉방이 완벽하다. 신발을 벗고 계단을 올라 구석구석 돌아보는데 미소로 안내하는 무슬림, 눈이 크고 맑아 더위마저 삼켜버린 듯한 아름다운 여인이 메카를 향해 쉼 없이 절을 한다.

이어서 힌두교 사원(바투게이브)을 찾았다. 먼저 '야자수로 갈증을, 과육으로 기갈을 면한다.'는 속담이 있다기에 야자열매를 하나씩 사서 물도 마시고 과육도 긁어먹었다. 272개 돌 계단을 하나하나 밟으며 올라간다. 다시 안으로 30m 들어가 63계단을 올라보니 천장이 넓게 뚫려서 파란 하늘이 보이고 사방팔방으로 석순이 아름답게 자란 곳마다 힌두교 신상을 모셔놓았다. 동굴에 서식하는 박쥐·원숭이들의 배설물로 악취가 진동하고 낙서투성이다. 사원으로서의 장엄·신성함이 반감되어 관리부실이 피부에 와 닿는다.

다운타운으로 들어가는 차창으로 들어오는 '산중중 물첩첩'한 사이로 석회동굴이 끼어있고 무성한 열대림 사이 모노레일 위를 전동차가 달린다. 교각 등 도로건설 현장이 자주 보이더니 주먹만한 빗방울이 차를 때린다. 자동소총소리 같이 요란하다. 이때는 태양도 무서워 숨었는지 칠흑이다. 5~10분 지나니 태양이 드러나고 차량들은 터널을 빠져나온 듯, 아무 일 없었던 듯 내달린다. 452미터 쌍둥이빌딩 관광을 마쳤다. 이제 주석광산을 함몰시켜 호수를 만들고 주위에 호텔을 짓고 골프장을 조성하였다는 매인츠 호숫가에서 수상택시(배)를 타고 그 호텔로 들어가서 분위기 있게 만찬을 즐길 차례다. 그러나 비가 온다는 이유로 수상택시는 운행금지다. 하는 수 없이 화려한 꿈을 접고 매인츠호 선창가 시장에 있는 이왕기 주점에 들러 볶음밥에 요리 6가지로 위안을 삼는다. 술은 페트병에 담은 참이슬로 기분을 돋우었다. 식당 천장에 매달린 붉은 등에는 '大吉大利 富貴花開 財源廣進 恭喜發財(대길대리 부귀화개재원광진 공희발재)라 씌어있다. 오는 손님들에게 돈 많이 벌고 좋은 일 있기를 바라는 것인지, 식당 주인 스스로 부자 되기를 기원하는 것인지 아리송하다.

제4일: 출전 멤버는 유준모 시장 이응두·박병익 회원과 필자가 한조다. 마음 가벼운 출발이다. 첫 홀에서의 드라이버도 나를 제외하고 다들 잘 맞았다. 두 번째 홀로 이동하면서 이응두 회원은 나에게 "캐디백을 단단히 매지 않아 출발시 떨어져 당황했습니다."라고 말하는 표정이 밝지가 않다. 정중히 "미안합니다."라고 하였다. 나는 실수를 만회하고 흐름에 부담을 주지 않기 위하여 클럽 2~3개를 들고 볼 위치로 미리 걸어가 기다렸다 치고 나간다. 오비 볼도 찾는 시간이 부담스러워 찾는 척 하다가 주머니에서 꺼내 드롭을 하고 친다. 가급적이면 카트를 타지 않고 걸어간다. 타수시간을 절약하기 위해서다. 나의 이런 배려를 간파한 멤버가 혹 있었을까? 가끔 분위기를 띄워볼 양 우스갯소리를 하여본다. 이런 때 한 번 잘 맞아준다면…. 그러나 부담감에 빠지면 더욱 잘 맞지 않는다. 그러다가도 가끔 잘 맞아 비거리가 나오면 "장족의 발전이야!" 하면서 자기 일처럼 반긴다. 이런 맛에 뒤를 따라다닌다. 그렁저렁 모처럼 27홀을 라운딩 하고나니 땀범벅이다. 다른 멤버들은 오찬장으로 직행이다. 나는 온몸이 끈적거려 캐디백을 보관소에 맡기고 방으로 와서 샤워하고 식당으로 가니 좌석이 거반 찼다. 다행히 수락회원들이 마련해놓은 자리에 앉는다. 오찬 후 한세권, 정창화 회원의 바둑대국을 관전하는데 퇴장운운하면서 골프예절교육을 시키던 김수경 사장이 다가와 "공 잘 맞았습니까?" 인사를 한다. 속이 편치 않았던지라 어색한 목례로 답한 후에는 역시 내가 소인이었나를 생각을 했다. 정창화 룸메이트는 바둑을 두고 돌아와 오수를 즐기더니 수영복을 입는다. "나는 맥주병입니다."라고 묻지도 않는 고백을 멋쩍게 한다. 다양한 취미를 가진 그가 부러웠다. "내일 팀 칼라는 좋은 분들이네요. 즐겁게 치세요."라는 말을 남기고 문을 나간다. 나는 할 일 없으면 '죽비소리'를 읽는다. 이번 여행 중 3독을 하면서 '옛날 선비' 기분으로 산다.

제5일: 출전 멤버는 이영해, 이한복 시장, 우종오 회원, 내가 한조다.

무던한 우회원이 있어 든든하다. 07:00 여명은 티샷을 기다린다. 새소리, 풀벌레 소리들의 합창이 울려 퍼지니 먹구름은 밀려간다. 붉은 해가 솟는다. 원숭이들이 사랑을 나누고 새들이 하늘을 나는 그림들이 눈에 들어올 정도로 여유가 생기니 공도 잘 맞고 타수도 줄어들어 기분이 좋다. 화인 플레이다. 어젯밤 늦게 서울지역 구청장 출신 26명이 왔다. 오늘 아침 이들의 합류로 출발선이 혼잡할 줄 알았는데 여유 있게 소화된다.

나는 조용한 오후를 골프장 시설 내외를 돌면서 생각에 잠기기로 했다. 센터건물 메인홀 앞에는 태극 8괘를 지대석에 음각하여 금분으로 칠해 놓았다. 지배인에게 물어보니 "소유주가 중국 사람이라 주역을 원용하여 건물 중앙에 설치한 모양입니다."

라고 한다. 태극까지 조각하였다면 우리나라 골프장으로 착각할 수도 있겠다는 생각이 든다. 이 조형물을 중심으로 동쪽 18홀 서쪽 18홀을 배치, 인・아웃 하도록 했다. 저 멀리 서 있는 산은 좌우로 중중첩첩 병풍을 두른 듯 골프장을 감싸 안고 있다. 역시 풍수지리가 잘 어우러진 배치다. 골프장 각 홀의 코스가 야자수 등 열대림 사이를 안으로, 밖으로 꼬불꼬불 앉아있고 라운딩에 긴장과 묘미를 주기 위하여 연못과 냇물, 도랑, 워터해저드, 모래밭, 벙커, 내리막, 오르막, 수목 등 장애물을 조화롭게 배치하였다. 매일 쏟아지는 스콜에도 산사태나 이재민이 발생하였다는 뉴스는 없다. 천둥번개를 동반할 때만 경보 사이렌을 울리는 것이 국가에서 하는 유일한 임무란다. 평소 잘 가꾸어진 무성한 열대림과 수로에 재해방지 업무를 위탁해 놓았는지도 모른다는 생각을 한다. 수영장, 헬스장, 실내 배드민턴장, 볼링장 등과 아트실, 세미나실과 VIP시설, 골프스쿨도 돌아보았다. 이런 시설운영은 교포인 황사장이 맡아 한국인 기간요원 5~6명과 말레이인과 인도인 등 현지인 20여 명이 돕고 있다. 숙박시설과 식사메뉴는 한국의 호텔급 수준이고 팁은 없다. 세탁과 음료수도 무료로 무한공급이다. 현지인들의 미소 띤 눈인사는 우리나라 사람들처럼 빤히 쳐다보면서도(어찌 보면 째려보는) 인사를 나누지 않는 무표정(때로는 적의까지 느낄 정도)과 비교하면 큰 차이다. 손까지 흔들어 무어라 말하면서 미소로 인사하는 것은 그야말로 세계인다운 예절이 아닌가 한다. 더하여 친절봉사는 타국 생활을 편안하게 한다. 미국 사람들 사이에 한국 사람의 표정이 끼어든다면 권총을 빼어 쏠지도 모를 일이다. 그 사람들은 만나는 사람에게 누가 먼저라 할 것 없이 '나는 당신에게 적의가 없다, 평화를 원한다.'는 뜻으로 목례나 미소를, 손을 흔들어 "하이"라는 인사를 하는 것이 통례다. 개척시대·남북전쟁시대를 거치면서 서로가 서로를 향해 먼저 총을 쏘았던 험악한 세월을 지나면서 그 시대의 인사법이 상례화 되고 습관처럼 굳어져 지금의 훌륭한 인사법이 되었다. 밖에 나와서 좋은 점은 배워야 발전하는 민족, 빛나는 문화를 창조할 수 있을 것이다.

이와 같은 훌륭한 시설의 사용료는 1일 6만원이다. 원화로 3천억 이상의 골프장주인 같이 하루에 18홀, 27홀, 36홀, 45홀, 54홀, 72홀 등 체력이 허용하는 한 마음대로 누비고 다닐 수 있으니 골프천국에 온 거나 다름없다. 다만 토·일요일은 현지인들을 위하여 18홀만 라운딩할 것을 주문해도 극성스런 한국인에게는 통하지 않는다. 한국인 골퍼들 사이에 만나면 오늘 몇 홀 돌았느냐고 묻는 것이 인사다. 36홀은 기본이고 54홀을 라운딩하는 이들이 많다. 경기 중 오토바이를 타고 다니면서 아이스크림·공 등을 파는 이동매점 청년들이 가끔 보이나 호객을 하거나 불쾌감을 주는 행동은 일체 없다. 상황이 이런데 해외 골프여행을 비난할 수만은 없을 것이다. "돈 많고 힘 있는 사람들은 국내에서 대우 받아가며 치지 이런 곳에 오지 않습니다." "돈 없고 부킹할 수 없는 사람들이 한풀이하러 옵니다."라고 항변하는 이들에게도 충분한 이유가 있어 보인다. 골프 학교에도 제2의 박세리를 꿈꾸며 유학온 한국인 학생들이 많다. 이들도 "국내에 이만한 수준의 교육 훈련시설이 없어서"라고 하는데 무어라 말하겠는가.

제6일: 류재천, 유준모 시장, 이응두 회원, 내가 한조다.

제7조로 편성되어 조금은 느긋하게 출발준비를 마치고 동쪽코스에 있는 아웃코스 첫째 홀에서 티샷을 한다. 역시 노련한 류재천·유준모 시장은 장타·단타를 불문 별반 실수가 없이 잘 나간다. 이응두 회원과 막상막하다. 9홀까지는 노련한 프로들이 지켜보니까 잘 맞지를 않았다. 오비지역으로 날아간 공 2개를 잃었다. 후반 10홀부터는 프로들이 앞에 치고 나가니 느긋하게 칠 수 있어 그런대로 잘 맞았다. 경기하면서 골퍼들의 유머가 재미있어 귀에 담기로 했다.

"나이스샷, 굿샷, 비유티플, 좋습니다, 잘 맞네요."라고 하는 격려의 말은 되도록이면 큰소리로 많이 외칠수록 좋다. 그런데 잘 맞지 않은 경우는 어떻게 한다? 친구 사이에 진정으로 올바르게 지적하고 본인도 잘 수용하면 그 이상 좋을 수가 없다. 그러지 못할 경우 "머리를 들었군요." "공을 끝까지 보아야지요."

"너무 급하게 치는군요." "퍼팅은 손목이 아니라 팔을 몸에 붙이고 어깨로 쳐야지요." 등등 피차 다 아는 것이지만 실전에서는 그렇게 되지 않는 것이다. 이런 지적들을 고맙게 수용하는 사람이 있는가하면 언짢게 느끼는 사람도 있다. 그렇다고 아무 말도, 지적도 없으면 실수한 본인은 무안한 생각에 변명성 말을 하면서 스스로의 감정을 조절한다. "벙커에나 들렀다 가야겠다." "보기를 보지 못하네." "관중에 약해서" "냉탕온탕을 번갈아 다니네." 등등의 자조와 위안의 말이다. "계속 옆으로 빠지네." "왜 이리 안 나가." "월급쟁이 퍼팅." "설거지만 하고 나온다." "들여다보기만 한다." "구경만 한다." "월급쟁이 면한지가 얼만데…." "계속 보기만 하면 어쩌나, 만져라도 봐야지." "버디 소리에 흥분 깃발 꽂는 걸 잊었네." 등등은 그린에서의 미스 퍼팅에 대한 변명성 위안의 말이다. 반대로 잘 쳤는데도 관중의 반응이 없을 때 "잘 맞는다." "굿샷" "계속 잘 들어간다." 등 상대방으로부터 인정(칭찬) 받고 싶어서 유도하는 말이 있다. 그밖에 야한 말들이 많지만 선비의 도리로….

쓰던 볼펜이 잉크가 떨어져 메모할 수가 없다. 필기구를 사러 시설을 돌아다니다 방으로 돌아오니 정 본부장이 드라이버 샷 굳히기 운동을 하고 있다. 사정을 이야기 하니 볼펜을 준다. 이번 여행에서의 해결사 역할을 단단히 한다. 모자, 티셔츠, 볼펜 등 한둘이 아니다. 그보다 체력관리 등 다방면의 지혜와 빈틈없는 준비, 조용한 실천 등을 공유할 수 있는 부분이 많은 이와의 룸메이트는 큰 행운이다.

밤늦게까지 내일의 조 편성표가 배달되지 않았다. 제발 여성 골퍼와 편성되지 않기를…. 그들 앞에는 작아지는 성격이 걱정된다. 우종오 회원이 한 팀이기를… 총무를 맡은 우 회원에게 "서울 가서 보자!" 협박성 부탁을 하기는 해놓았지만 왠지 불안하다.

제7일: 지난 밤 빗소리가 끝나고 하늘이 열렸다. 대진표를 보니 우종오, 한세권, 이응두, 내가 한 팀이다. 집안 식구로 짜였다. 티샷은 시작되고 드라이브샷도 잘 맞는다. 엊그제 같이 라운딩한 류시장(단장)에게 "한 건 했습니다. 싸부님!" 하니, "나도 보았습니다, 잘 맞았어요." "일취월장이네요" 지켜보던 이동우 시장이 한마디 거든다. 초자로 인식된 분위기가 편했다. 다들 한 수 정도 접어주니 말이다. 그러나 실제로 점수를 계산하면 큰 차이는 나지 않는 듯싶다. 한두 점 정도다. 한세권 회원 바지가 찢겨져 궁둥이 팬티가 보인다. 땀수건을 허리띠에 차서 가려보지만 불안한 모양이다. 나의 수건을 빌려 넉넉하게 가리어 다행이다. 18홀 라운딩은 여유를 즐기며 기분 좋게 끝났다. 오찬 시간에 한세권, 박병익, 정창화 회원이 오후에 18홀을 더한다기에 나도 동참하기로 약속, 더위를 피해 16:00시에 출장하기로 했다. 나는 부지런히 식사를 마치고 돌아와 티셔츠와 바지를 세탁하여 짜고 수건에 싸서 밟아 탈수를 하여 창문에 걸어 놓으니 출전 시간에는 다 말랐다. 모처럼만에 내기 골프를 하기로 하였다. 나에게는 10점을 접어준다. -맥주파티 스폰서가 되려나, 기대를 했으나 결국 12점으로 한세권 회원이 우승 맥주캔 건배로 쌈박하게 마쳤다.

제8일: 류재천, 이영해 시장, 박병익 회원과 내가 한조다.

벌레소리와 새소리에 열대림이 깨어난다. "해야 솟아라. 붉은 해야 솟아라." 어젯밤 꿈속에 웃으시는, 즐거운 세상에 계시는 아버님을 보았다. 모처럼 고국의 아내에게 전화를 했다. 목소리가 찡하게 가슴을 울린다. 필드에 나갔다. 잘 맞기는 하는데 해저드에 빠진 공이 5개나 된다. 준비된 공이 떨어져 현지 이동 판매원에게 2봉지를 사서 박병익 회원과 나누어 썼다. 굳이 공값 3천원을 준다. 오늘은 익살과 해학이 넘쳐 주위를 즐겁게 하는 그래서 가끔은 오해도 받는 박 회원에게 조용조용한 골퍼예절교육을 받았다. ①골프는 패션이다. ②옷은 신사답게 입어라. ③수건을 허리에 차지 말고 카트에 두고 써라. ④샷을 할 때는 묵언하라. 등등… 따가운 7월 햇빛 아래 푸른 융단을 밟는 감촉이 부드럽다. 펄럭이는 깃발은 진초록 열대림 속 연둣빛 비단길 목표지점을 알리면서 "누구든 자기 힘으로 당당히 정복하라" 한다. 황혼이 토해내는 초록의 향연이 있어 6070세대 골퍼들은 장엄하고 아름답게 보인다.

제9일: 이영해, 이한복 시장, 이응두 회원과 내가 한조다

새벽 집중호우로 전원이 출장을 못하고 룸메이트끼리, 동아리끼리 고스톱과 바둑으로 시간을 보낼 참이다. 나는 모처럼 우종오, 이응두 회원 방에 가서 준비소홀과 기량부족 등에 관하여 면피성 변명을 장황하게 늘어놓았다. 늘 너그럽고 역지사지 남을 배려하는 따뜻한 우회원 왈 "오 청장님 말씀이 거짓이 아님을 압니다. 우선 골프채를 보니 1985~6년에 유행하던 윌슨제인데 지금은 박물관에 있을 물건입니다. 그 물건을 가지고 이곳에 온 것을 보니 그동안 손을 놓으신 게 분명합니다." 동석했던 한세권 회원이 한 말씀 거든다. "그동안 새로운 소재가 3세대까지 나왔습니다. 오청장님이 사용하는 스텐으로 된 것은 무거워서 못씁니다. 가볍고 좋은 소재로 된 것이 많이 나왔어요. 드라이버만 맞추면 됩니다." 역시 좋은 일이건 나쁜 일이건 다 포용소화해내는 깊고 넓은 성품에 후덕한 한 회원의 자상한 가르침에 고마운 생각이 든다. 한 회원 말끝에 우 회원 가라사대, "연습장에 꾸준히 나가세요. 금방 옛날 실력으로 돌아옵니다. 나는 매일 연습장에 나갑니다. 적어도 년 100회 정도는 출장합니다. 늙어서는 골프만한 좋은 운동이 없습니다." 자상하고 과묵한 이

응두 회원은 진지하게 들으면서 표정으로 공감을 나타낸다. 나는 방으로 돌아오면서 약간은 부끄럽기도 했지만 우선 나의 진실이 받아들여져 기분 좋았고 따뜻한 격려에 힘이 솟는 것을 느꼈다.

오전 8시가 지나 무료한 김에 시설을 구경하고 있는데 하늘을 가득 메웠던 먹장비구름에 군데군데 터지더니 하늘이 열리고 빗발이 가늘어진다. 이 정도로는 골퍼들의 욕구를 잠재울 수는 없다. 역시 출장 행렬이 동·서 코스에 잽싸게 몰려든다. 굼뜬 우리 팀도 18홀을 라운딩 하고 13:30에 부랴부랴 식당으로 가서 점심 마지막 코스에 진입, 콩비지 찌개가 특별 메뉴로 장식하는 밥상을 비우고 함께 출장했던 멤버와 건승을 다짐하는 맥주 건배로 오찬을 장식했다. 샤워 후 오침으로 기력을 찾은 후 독서삼매에 들다 20:00 해단식에 참석했다. 음료수와 두리안, 망고로 식탁을 꾸미고 단장과 총무의 인사로 깔끔하게 마치었다.

마지막 날 밤이라 생각하니 만감이 솟는다.

第10일: 오늘은 출장을 포기하고 그간의 보고 느낀 점을 정리할 생각이었다. 조찬 모임에 가보니 한 식구인 박·정·이 회원과 내가 한 팀으로 편성되어 있었다. 빠질 방법이 없다. 반납했던 티셔츠를 찾아 입고 출발선에 이르니 모두 나와 늦게 온 나에게 눈총을 쏜다. 캐디백을 실으려니 고장난 카트밖에 없어

쩔쩔 매는데 민첩한 정 회원의 도움으로 동쪽 코스로 달려간다. 만원이다. 서쪽 코스로 달린다. 1라인은 폐쇄, 2라인은 비어 라운딩이 가능하다. 매사에 정확하고 열성적이며 재미있고 알뜰하게 수락회를 이끄는 이응두 회장은 공을 자주 잃어 먹는 난코스라며 극구 반대한다. 우리 모두 이에 흔쾌히 승복, 다시 동쪽 코스로 돌아왔다. 3개 홀을 앞질러 티샷을 시작했다. 나머지 6개 홀을 끝낸 뒤 9홀부터 정식으로 내기를 하기로 했다. 거구에다 활달하고 걸걸하여 장군별명이 붙은 박병익 회원 제의다. 이응두 회원은 사양하고 나머지 3명이 하는데 초자인 나에게 10점을 접어준다. 그럭저럭 마지막 홀까지 왔다. 레스토랑에 와서 점수 계산을 하니 예상한 대로 내가 꼴찌다. 1만원으로 맥주 3캔, 주스 1캔 땅콩안주로 꼴찌파티를 마쳤다. 나는 휴우~했다. 속으로 지옥문을 나온 기분이다. 수리에 약한 나는 매홀 점수계산에 더듬거리고 몇 점이 파인지 이글인지 보기인지 더블보기인지 트리플인지 헷갈려 쩔쩔매다가, 물어오면 질겁하고 "5온 3퍼터" 등 어정쩡하게 되받는다. 눈치놀음도 배짱과 단수가 필요한 모양이다. 심약한 사람이 받는 스트레스 가히 짐작이 갈 만하지 않은가….

특히 박병익 회원이 걸걸한 음성으로 추궁성 질문을 할 때는 찔끔한다. "묻기 전에 이야기하여야지, 실례야! 알겠어요." 힐난이다. 하여튼 12:30에 꼴찌파티를 마치고 나니 30분 동안 바쁜 시간이다. 다행히 정 본부장은 '5분 샤워'라 나머지 25분 동안 씻고 빨래까지 마무리한다. 빨래를 목욕타월에 싸서 질근질근 밟으면 마른수건이 수분을 빨아들여 탈수 효과 만점이다. 나머지 습기는 바람과 햇볕이 금방 가져간다. 긴 팔 긴 바지를 준비하지 못한 단벌 신사 탓에 매일 이렇게 세탁해 입고 출장했다. 이 방법은 돌아가신 어머님께서 대가족 뒷바라지하시던 여러 가지 기법 중 하나다. 눈여겨 보아둔 것을 이번에 긴요하게 활용한 것이다. 오찬을 하고 골프채를 챙기면서 귀국 준비를 한다. 티셔츠와 모자는 룸메이트 정창화 회원에게 반납하니 묵은 때까지 빨아주어 고맙단다. 이렇게 부산을 떨고 난 후 침대에 큰 대자로 누워 쉬었다.

수락회원 모두 한 테이블에서 저녁을 먹고 숙소로 돌아와 21:00 출발시간까지 바둑·장기·독서를 하면서 시간을 보내다가 버스에 몸을 싣고 Bukit Beruntung Golf & Country Resort BHD를 떠나 공항으로 향하는 '하이웨이'를 달린다. 수많은 가로등이 손을 흔들며 안녕을 고하며 뒤로 물러서는데, 말레이시아 보름달은 나를 계속 따라오며 깊은 정을 차마 떼어내지 못한다. 공항에 도착 체크를 하는데 여직원은 컴퓨터 자판을 독수리 타법으로 친다. 기다리는 시간은 한없이 늘어진다. 열 손가락으로 컴퓨터를 부드럽게 어루만지는 한국 사람에 비하면 하늘과 땅 차이이다. 드디어 출국심사를 마쳤다. 탑승대기 중에

공항청사의 조명이 밤하늘의 별처럼 촘촘히 박혀있어 대낮같이 밝다는 것을 새삼 느낀다. 따라오던 보름달은 정을 떼지 못하고 눈물 속에 몸을 감추었나 보다.

드디어 7월 22일 01:00 우리가 탑승한 항공기는 어둠을 헤치며 동북으로 북북동으로 난다. 텅 빈 하늘에는 구름과 빛의 장엄한 쇼가 연출된다. 다도해를 펼치고 태산준령을 겹겹이 쌓아 올린다. 모란, 백합, 철쭉 등 온갖 꽃들이 요염을 떤다. 운평선이 하늘 끝에 아득하다. 동방의 등불인 인천공항 램프 빛을 따라 날더니 랜딩이다. 웅장한 청사를 나와 리무진에 몸을 싣는다. 역시 내 나라 내 집이 영원한 평화, 행복의 요람이라는 것을 새삼 느낀다.

(05. 10. 『순수문학』)

숙원사업(宿願事業)

어렸을 때 들은 어른들의 말씀을 다 기억하고 살 수는 없다. 그러나 자손들은 잘되라고 하는 훈계(訓戒)나 꾸중하는 질책, 그리고 잘했다는 칭찬을 비롯하여 여러 가지 말씀을 듣고 자란다. 또 어른들의 행실을 보고 배운다. 그뿐이 아니라 보고 듣지는 못하지만 느끼면서 배우고 즐기면서 배운다. 학교 교육도 있지만 그보다도 유아, 아동, 청소년기에 보고, 듣고, 느낀 것은 평생 동안 잘 잊혀지지 않는다. 그중에도 진한 감동으로, 또는 충격으로 와 닿은 사물에 대한 기억은 평생 멍에처럼 쓰고 산다.

나에게도 이 나이가 되도록 대못처럼 박혀있는 절절한 몇 가지가 있는데, '나 자신을 성취시켜야 하는 일', '조상을 잘 모시고 빛내는 일', 그리고 '생가(生家)의 끊긴 대(代)를 잇는 일'이다. 그중 생가승사(生家承嗣) 문제는 증조고(曾祖考)나 조고(祖考) 고위

(考位)세대에서 해결하여야할 일인데, 미결의 장으로 나에게 인계된 중대사(重大事)로 이를 해결하지 못하면 아들 손자나 어쩌면 그 후대까지 물려주는 부담이니 차마 못할 짓이다.

그토록 지난지사(至難之事)인 생가승사의 내용은 이러하다. 나의 조고 위께서 가난한 집 아들 둘, 딸 둘 4남매 중 셋째로 태어나 먹고 입는 문제가 해결이 안 되어 고생하시다가 부잣집인 일족(一族) 양가 증조고위의 안목(眼目)에 들어 아들을 삼고 싶다 하니 생가 증조고위께서는 아들 하나 주어도 장남이 있고 가난한 중에 한 입 덜 수 있으며 또 양육비로 땅마지기나 생기니까 양자로 출가(出家) 하는 것을 허락하신 것이라 한다. 당시 양가 증조고께서는 백석(百石)지기 부자이고 아들 하나에 딸 셋 부러울 것이 없었으나 다만 자손이 번창하지 못한 것이 늘 마음에 차지 않았던 것 같았다.

그러나 불행하게도 생가 조고위의 장형(長兄)이 자손을 두지 못하여 후사가 끊어지게 되었다. 양자 온 처지에 생가 부모제사를 지낼 수가 없으니까 제삿날에는 이불을 뒤집어쓰고 밤새워 울어서 눈알이 빨갛고 눈이 퉁퉁하게 부어올랐다는 말씀을 할머니께 전해 들어 알고 있다.

그 후 조고께서 양부모 돌아가신 후부터 생가 부모제사를 지내오기 시작하여 아버님 그리고 손자인 나까지 생가 종증조고비(從曾祖考妣) 종조고비(從祖考妣) 제사를 백년 이상 모셔오면서 양가(養家) 어른들 눈치를 보며 살고 있었다.

한때는 나의 아버님 4형제 중 둘째를 생가에 양자로 보내 후사를 잇도록 시도하다가 자손 욕심이 많으신 증조할아버지의 완강한 거부로 뜻을 이루지 못하였다는 아버님 말씀이 있었다. 이제 아버님 형제분들도 다 고인이 되셨고 장손인 내가 떠맡아 살다가 자식에게 물려줄 입장이 되었으니 늘 숙제로 나의 머리를 누르고 있었다.

인연이란 참으로 묘한 것 같다. 다행히도 1991년 10월 부이사관 승진과 더불어 경북 청송교도소장으로 부임하여 그 지방 오씨종친회(吳氏宗親會) 환영만찬에 참석하게 되고 종친들과 교분을 쌓아갈 무렵 나의 숙제를 털어놓은 적이 있는데 그 말이 한입 두 입 퍼진 것 같다.

어느 날 같이 근무하는 오규식(吳圭植)이 일가 중 마땅한 사람이 있으니 만나서 상의해보라고 한다. 진보읍내서 가게(잡화상)를 하는 사람인데 아들 둘을 두어 중·고등학교에 다니고 홀어머니 모시고 사는 성실한 사람이라고 하기에 내 사무실에 불러서 내력을 알아보았다.

조부모님은 낳기 전에 돌아가시고 아버님은 어려서 바다에 출어(出漁) 중 수중고혼(水中孤魂)이 되었으며, 6·25동란 중에 족보도 산소도 알 길 없어 그동안 백방으로 노력했으나 허사였다고 한다. 자식들은 크고 앞일이 걱정되어 남의 조상 앞으로라도 망부(亡父)와 더불어 입양하여 족보를 만들어야겠다는 것이다. 전후사를 듣고 보니 연민의 정까지 생겨서 승낙을 하고 호적등본을 떼어오라고 했다. 호적정리 시 본관을 해주로 해놓아 법원의 심판이 필요하여 큰집에 있는 단기 4288년 을미 대동보(大同譜)에 오복근(吳福根) 부자의 이름을 호적이름으로 하고 항렬자(行列字)에 맞춰 재수(再秀), 희복(熙福), 종균(宗均) 현균(玄均)을 등재(登載) 하고, 종손 석진(碩鎭)을 비롯하여 승균(承均) 등 연명으로 확인서를 붙여 소명자료를 대구지방법원 의성지방원장에게 제출하여 정정심판을 받아 호적부에 보성으로 관향(貫鄕)을 정정하였다.

이제 남은 일은 족보를 만들어 주는 일인데 마침 종손집에 서당공파보(芧堂公派譜) 한 권이 남아 있어 세필(細筆)을 잘 쓰는 분을 을지로 출판사 골목을 뒤져 찾아내어 상의해 보았다. 중간에 끼워 넣으려면 행간을 조정하여야 하기 때문에 좌우로 20장을 다시 써야하고 같은 지질의 종이를 구하여야 하기 때문에 장당 5만원의 비용이 든다는 것이다. 나는 원고와 착수금을 주고 그 금액대로 부탁을 하니 한 달 만에 찾아가라는 연락 와서 찾아보니 참으로 귀신같이 잘 만들었다. 다만 쪽수만 몇 쪽으로 표시했을 뿐 손색이 전혀 없다.

그사이 나는 93년 2월 안양소장으로 자리를 옮겼고, 마침 경부고속철도 부지로 편입된 증조비 산소 이장도 하여야 하는 처지라 오랜 세월 사초를 하지 않아 애장같이 납작해진 생가 산소도 같이 이장과 사초를 하기로 결심했다. 그리하고 나니 생가 종손과 격조하여 소식이 끊긴 지 오래라 연락할 길이 막막하여 잘 아는 경찰서장의 신세를 지었다.

성남시로 찾아가 종손 승균에게 그간의 사정을 말하니 오대까지 독자로 고독하게 내려오다가 4종형제가 생기니 전폭적으로 동의하면서 감사하다는 말을 수없이 한다. 나는 입양한 분이 재당숙이 되는 가까운 사이로 각별히 모시면 자네에게도 큰 힘이 될 것임을 누누이 강조하니 지당한 말씀이라고 수긍한다.

그해 10월 고향동네 사람들 십여 명이 적극 협조하여 양가 증조비 정선전시 산소를 오전에 이장하고 오후에는 종손댁이 지켜보는 가운데 생가 증조고비, 조고비 산소를 사초하고 생가 작은 증조비 산소는 증조고비 합조 산소 옆으로 나란히 이장을 했다.

제사상(다리가 높은)과 제기는 미리 청송 희복 앞으로 탁송했다. 촛대(금도금한)와 앞서 언급한 족보는 94년 7월 서당동 생가 증조고비 조고비 산소에서 우리 내외가 준비한 제물로 고유제(告由祭)를 지낸 후 희복에게 인수당숙(寅秀堂叔)께서 지켜보는 가운데 정중하게 전달하고 희복은 고유문과 같이 당당한 자손으로서의 도리를 다할 것을 서약하였다. 그해 추석명절부터 희복이 제사를 모시면서 오늘까지 매년 가을 천릿길을 마다 않고 찾아와 벌초 등 산소를 잘 보호하고 시제에도 정성껏 참여하고 있다.

마침 그해 대종회에서는 병자대동보(丙子大同譜) 간행(刊行)을 결의하였고, 나는 그간 족보 간행시마다 누락사실을 소명 확인하는 서류를 갖추어 수보청(修譜廳)을 찾아가 족보편찬위원들을 오찬에 초대하여 납득시켜 희복(熙福) 삼대(三代)가 생가 큰할아버지 아래 수록되었다.

나도 대업을 완수했다는 뜻으로 보청에 희사금을 내었다. 대동보가 1996년 10월에 완간되어 1질 7권을 그해 생가 5, 6대조 시제에 종손 승균이가 증명하는 가운데 전달하였다. 내가 죽어 조상 앞으로 간다면 양가와 생가 어른들로부터 훈장을 받을 것 같다. 내 나이 60이 넘도록 머리에 이고 노심초사하던 숙원사업을 성공리에 마쳤다는 보람으로 가슴이 뿌듯하였다.

(97. 1)

告 由 文

維歲次 癸酉七月乙酉 朔十九日 乙丑 孝孫 熙瑲은 生家 曾祖考妣 神位 從祖考妣 神位 前에 祖上任의 恩惠가 끝이 없음을 生覺하면서 외람되옵게도 밝게 告하나이다.

生家 從祖考妣께서 後嗣를 잇지 못하시어 出系子孫, 玄孫에 이르도록 代를 이어 奉先節祀를 모셔오면서도 늘 後嗣를 定하지 못하여 勞心焦思하여 오던 次에 玄孫이 1991년 10월 慶北 青松矯導所長으로 赴任후 그 고장에 사는 一族 吳熙福이 亡父 再秀와 같이 淵자 觀자 從祖考께 後嗣로 入養을 請하여 玄孫이 살펴보니 사람됨이 德과 孝가 兼備하고 信望이 두터워서 그 請을 許諾하고 茅堂公派 宗孫 碩鎭을 비롯한 親·養家 宗親들께서도 "잘하는 일이다", "드문 일이다", "훌륭한 일이다"라고 하면서 기꺼이 追認하여 좋은 날을 받아 오늘에서야 告由하오니 널리 海量하여 보살펴 주시옵고, 生家 여러 祖上 神位 前에도 傳하시어 陰德을 내리시게 하여 주시기 바랍니다.

今年 秋夕 節祀부터 熙福이 奉先節次를 承襲토록 하겠사오니 저희 精誠을 너그러이 嘉納하여 주시고 子孫들에게 陰德을 내려 주시기를 거듭하여 仰請하나이다.

西曆 1993年 癸酉 7月 19日

孝孫 吳 熙 瑲

丙子大同譜 編纂收錄願

芧堂公派 宗祖이신 再자 逑자의 四代孫인 亨자 壁자께서 四子를 두시고 長子 禹錫은 繩繩子孫하였으나 二子, 三子는 無後하고 四子 興錫은 淵觀 淵海 二子를 두었으며 長子는 無後하고 次子는 出系 族叔하여 그 子孫은 繁昌하고 있으나 生家 絶孫을 걱정하여 오던 중 그 長孫 熙瑲이 先代遺志를 받으러 1992年 5月에 慶北 青松郡 眞寶面 珍安里 居住 一族 熙福(一名 福根)을 그의 亡父와 더불어 生家 承嗣토록 協議하여오매 그 自初至終을 들은 사람마다 感服하여 本人들도 快히 承諾한바 있어 連名으로 收錄하여 주시기 바랍니다.

西紀 1995年.3月

忠北 淸原郡 芙蓉面 蘆湖里 芧堂公派宗孫 吳碩鎭

忠北 淸原郡 芙蓉面 蘆湖里 出系長孫 吳熙瑲

慶北 青松郡 眞寶面 珍安里 嗣孫 吳熙福

京畿 城南市 盆堂區 西峴동87 한신APT 112棟 2104號 六代宗孫 吳承均